# Feng Shui

## Leben und Wohnen in Harmonie

GÜNTHER SATOR

| | |
|---|---|
| Ein Wort zuvor | 5 |

## › EINFÜHRUNG

### Leben und Wohnen in Harmonie — 7
**Was ist Feng Shui?** — 8
Ein uraltes Wissen — 9
Eine weltweite Erfolgsgeschichte — 11
Wie das Wohnen das Wohlgefühl beeinflusst — 12
Was wollen Sie verändern? — 13
Wie geht es Ihnen? — 14

## › THEORIE

### Weisheit und Werkzeuge des Feng Shui — 21
**Lebensenergie Chi** — 22
Energie soll fließen — 23
Bestimmen Sie den Chi-Fluss in Ihrer Wohnung — 24
Schneidendes Chi oder Sha-Chi — 26
Alles ist mit allem verbunden — 27
Yin und Yang – Leben in Balance — 30
Die fünf Wandlungsphasen — 32
Wichtig – der Intuition folgen — 40
**Die neun Lebensfelder im Bagua** — 42
Die neun Zonen des Bagua — 46
Ihre Fragen — 52
**Das ideale Haus am richtigen Ort** — 56
Der Garten — 61
Pflanzen – Quellen des Chi — 62
Sha-Chi rund ums Haus? — 63
**Die Basis fürs »Innenleben«** — 64

## › PRAXIS

### Hilfsmittel, die das Chi stärken — 71
**Ausgleich durch Hilfsmittel** — 72
Klang verändert die Welt — 73
Die heilende Kraft des Lichts — 74
Pflanzen bringen Leben ins Haus — 75
Die Magie der Spiegel — 76

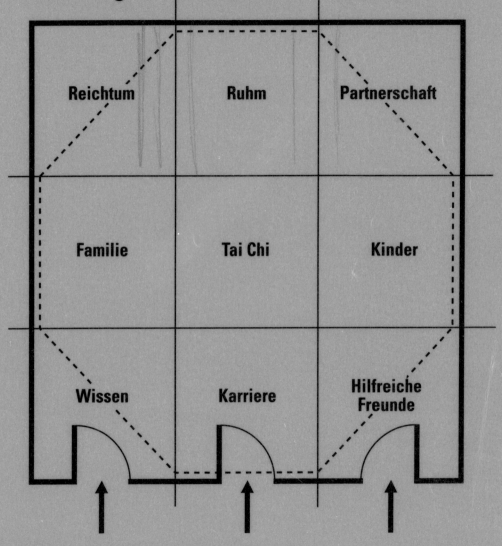

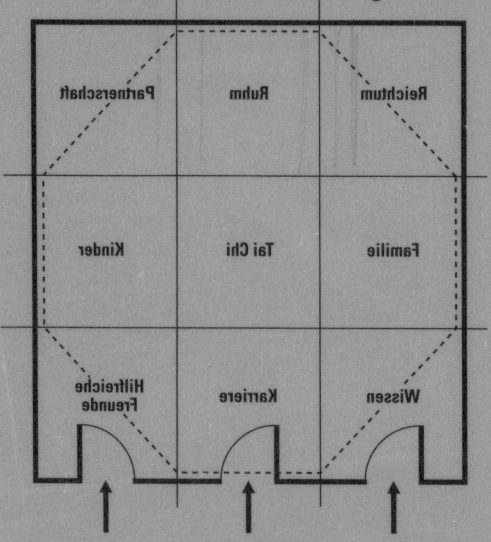

Das Bagua für Räume und Gebäude

# INHALT

| | |
|---|---|
| DNS-Spiralen – Steigerung der Lebensenergie | 78 |
| Regenbogenkristalle – Freude für das Heim | 78 |
| Kristalle – funkelnde Botschafter der Erde | 79 |
| Delphine – die Liebesboten | 80 |
| Auch Bilder können heilen | 80 |
| Farben und ihre Wirkung | 81 |
| Wasser fördert Wohlstand | 83 |
| Bewegte Objekte aktivieren das Chi | 84 |
| Schutz und Stabilität durch schwere Objekte | 84 |
| Die Macht persönlicher Gegenstände | 85 |

## Checkliste Haus und Garten 87

### Von außen nach innen 88

| | |
|---|---|
| Fragenkatalog, sich Ihrem Garten anzunähern | 89 |
| »Gute Geister« zu sich einladen | 92 |
| Fehlbereiche des Bagua stärken | 92 |
| Willkommen daheim! | 94 |

### Die Wohnung zum Wohlfühlen 98

| | |
|---|---|
| Das erholsame Schlafzimmer | 98 |
| Farben und Bilder | 101 |
| Die nährende Qualität der Küche | 102 |
| Essplatz – stressfreie Zone | 106 |
| Freiraum Kinderzimmer | 107 |
| Treffpunkt Wohnzimmer | 109 |
| Kreativzone Arbeitsplatz | 112 |
| Nur für Gäste? | 114 |
| Endlich – das eigene Zimmer | 115 |
| Heikel – Badezimmer und WC | 116 |
| Treppen – Leitbahnen des Chi | 117 |
| Abstellräume – Stauzonen | 118 |
| »Schattenreich« Keller | 118 |

## › SERVICE

### Zum Nachschlagen 122

| | |
|---|---|
| Bücher, die weiterhelfen | 122 |
| Adressen, die weiterhelfen | 122 |
| Register | 123 |
| Das Wichtigste auf einen Blick | 126 |
| Impressum | 128 |

## DER AUTOR

**Günther Sator,** bekanntester deutschsprachiger Feng-Shui-Experte, Maschinenbauingenieur, Kommunikations- und Managementtrainer, Lebens- und Sozialberater, beschäftigte sich nach schwerer Erkrankung mit verschiedenen Ansätzen einer ganzheitlichen Lebensgestaltung. Überraschend gesundet, folgten längere Aufenthalte im Ausland, der erste Kontakt mit Feng Shui ergab sich 1983 in Neuseeland. Nach jahrelangen Studien stimmte Günther Sator sein umfangreiches Wissen auf die Bedürfnisse in unserem Kulturkreis ab und wurde so zum ersten europäischen Feng-Shui-Experten. Heute ist Günther Sator einer der weltweit führenden westlichen Berater für Privatkunden, Banken, Hotels, Gewerbebetriebe und Großunternehmen und ein anerkannter Vortragender. Als Begründer der Feng-Shui-Academy bildete er über Jahre eine Vielzahl von Studenten aus. Seine Sachbücher sind internationale Bestseller und werden fortwährend in weitere Sprachen – unter anderem ins Chinesische – übersetzt.

## Ein Wort zuvor

Ist Ihnen schon aufgefallen, dass Sie in manchen Zimmern besser schlafen als in anderen, oder dass Sie in Ihrem Büro, seit Sie an einem anderen Schreibtisch arbeiten, deutlich erfolgreicher arbeiten? Kennen Sie auch dieses Phänomen, dass Ihre Gäste lieber nächtelang in der Wohnküche sitzen, als sich ins repräsentativere Wohnzimmer zu bewegen? Solche Situationen haben viel mit der Atmosphäre, der »Energie« der Räume zu tun. Sie bestimmt, ob unsere Wohnung ein Ort ist, an dem wir uns hundertprozentig wohl fühlen und täglich neue Kraft tanken können. Die Harmonie Ihres Lebens hängt eng mit diesem Umfeld zusammen: Selbst Erfolg oder Misserfolg, Gesundheit oder Krankheit, sogar Beziehungsglück oder -pech spiegeln sich in Ihrer Wohnung, Ihrem Haus oder Büro wider. Dieses Buch zeigt Ihnen, wie Sie durch eine bewusste Gestaltung Ihres Lebensraumes das Schicksal in die Hand nehmen können und einiges in Ihrem Leben zum Positiven verändern können.

Im ersten Kapitel stelle ich Ihnen kurz das Wichtigste über Herkunft und Verbreitung der Feng-Shui-Lehre vor. Im Zweiten Kapitel geht es um das Handwerkszeug: Sie lernen unterschiedliche Ansätze zur Analyse Ihrer Wohnsituation und deren Veränderung kennen, dazu die besten Hilfsmittel, mit denen Sie gezielt Einfluss auf alle Bereiche Ihres Lebens nehmen können. Im dritten Kapitel finden Sie über 100 Tipps zur Veränderung Ihres Wohnumfelds – vom Garten übers Wohnzimmer bis hin zur Abstellkammer –, damit nichts bleibt, was Wohlbefinden und Glück noch hemmen könnte…

In meiner Arbeit als Feng-Shui-Berater und Seminarleiter ist es mir besonders wichtig, Feng Shui in unserer westlichen Welt angemessen umzusetzen. Denn diese uralte chinesische Wissenschaft, die von manchen immer noch im Bereich des Aberglaubens angesiedelt wird, bringt nachweislich Lebensfreude und Harmonie in den Alltag. Entsprechend unserer Lebensumstände kann sie mit einigen Maßnahmen integriert werden und somit zu einem hilfreichen Bestandteil unseres Denkens und Lebens werden. Und vor allem erhalten Sie zahlreiche Tipps, mit welch' einfachen Mitteln – manchmal nur durch Umstellen eines Möbels – Sie Ihr Wohlbefinden spürbar beeinflussen können.

Ich wünsche Ihnen damit viel Freude und Erfolg!

Günther Sator

# Leben und Wohnen
## in Harmonie

Seit Jahrtausenden bauen und wohnen die Chinesen nach den Regeln des Feng Shui – selbst Bauwerke wie die Chinesische Mauer sind danach geplant. Dass sich dieses uralte Wissen auf unsere moderne Lebensweise übertragen lässt, mag erstaunlich klingen – aber das Wissen, das dahinter steht, ist unabhängig von Zeit und Kultur. Nicht umsonst machen immer mehr Menschen im Westen beeindruckende Erfahrungen mit Feng Shui.

# Was ist Feng Shui?

Räumlichkeiten und Plätze, die Ehrfurcht, Wohlbehagen oder sogar Angst einflößen? Kennen Sie das Gefühl, dass Ihnen manche Räume einen besonders wohligen oder aber unwohlen Eindruck vermittelt haben, ohne dass Sie eigentlich wissen warum oder dies benennen konnten?
Feng Shui lehrt uns, wie eine bewusste Auswahl des Platzes, an dem wir leben, und dessen gezielte Gestaltung uns zu Gesundheit und Glück verhelfen kann. Es beschreibt die Beziehung zwischen Mensch und Natur, erklärt, warum manche Standorte zum Wohnen besser geeignet sind als andere und mit welchen Mitteln wir auf unser Umfeld Einfluss nehmen können. All das ist keine Hexerei, sondern basiert auf der uralten chinesischen Wissenschaft Feng Shui, letztlich so alt wie die Menschheit selbst, also auf dem gesammelten Wissen, der Erfahrungen und Beobachtungen der Ahnen.

# Ein uraltes Wissen

Feng Shui bedeutet wörtlich übersetzt »Wind und Wasser«. Die ersten Aufzeichnungen und Hinweise auf diesen Begriff sind mehrere 1.000 Jahre alt, die früheste Erwähnung von »Wind und Wasser« ist angeblich 5.000 bis 6.000 Jahre zurück zu datieren.
Um den Begriff zu entschlüsseln, muss man die Sichtweise der damaligen Kultur nachvollziehen, die sich darin festmachte, dass die Geschicke des Menschen von den äußeren Einflüssen ihres Umfeldes geprägt sind. Daher wählte man symbolhaft zwei der wichtigsten Erscheinungsformen der Natur: den Wind, als sanft wehender Himmelsbote, der die segensreichen und Fruchtbarkeit bescherenden Wolken – und damit das Wasser – herbeibläst. Mit dieser bildhaften Beschreibung drückten die Namensgeber aus, dass hinter allem, was uns in der sichtbaren und unsichtbaren Welt umgibt, eine Energiequelle steckt. Schließlich repräsentieren sowohl der Wind, als auch das Wasser sehr machtvolle Naturgewalten, die Segen, aber auch Unglück verkörpern können und die manchmal schwer zu bändigen sind – besser ist es also, sich mit ihnen gut zu stellen. Und Feng Shui sollte dies ermöglichen.

## Die Ursprünge

Der Ursprung dieser Lehre liegt in Asien; China wird als das Kernland des Feng Shui angesehen. Seine Anwendung gehörte dort so selbstverständlich zum Alltag, dass man sich keine besonderen Gedanken darüber machte. Gelehrt und ausgeführt wurde Feng Shui von Priestern. Die Herrscher der verschiedenen Dynastien legten sogar weitläufige Grabanlagen nach Feng-Shui-Lehren an, um das Schicksal ihrer kaiserlichen Nachkommen positiv zu beeinflussen – denn man glaubte, dass dies vom Wohlergehen der Vorfahren im Jenseits abhänge. Alle großen Bauwerke Chinas wie die Verbotene Stadt in Peking oder die Chinesische Mauer wurden nach exakt ermittelten Feng-Shui-Kriterien errichtet. So hat sich über Jahrtausende ein unschätzbares Erfahrungswissen angesammelt, das bis zum heutigen Tage erhalten ist.
Einen großen Einbruch brachte allerdings die Zeit der Kulturrevolution in den 60er und 70er Jahren, die die Anwendung des Feng Shui strikt untersagte, da ein solch »überholtes und auf Aberglauben basierendes System« angeblich

nicht in ein modernes Staatsgefüge passt. Interessant ist in diesem Zusammenhang jedoch, dass Mao Tse Tung, obwohl er Feng Shui verboten hatte, Zeit seines Lebens ein begeisterter Experte und auch heimlicher Anwender dieser hohen Kunst war.

Viele Chinesen haben durch das Verbot den Zugang zu diesem alten Wissen verloren. Durch die ins Ausland geflüchteten Feng-Shui-Meister konnte die Tradition jedoch überleben. In Hongkong und Singapur wird Feng Shui auch heute noch häufig angewendet, und von dort erobert es mit Siebenmeilenstiefeln den Rest der Welt.

## Feng Shui gab und gibt es überall

Vieles, was Feng Shui lehrt, war auch in den anderen Gebieten der Erde bekannt. Jedes Volk, jede vorzeitliche Kultur wusste um die Gesetzmäßigkeiten der Energieflüsse in der Natur und richtete sich danach. Man nennt dieses Wissen in einem zusammenfassenden Begriff »Geomantie«. Gewissermaßen ist auch Feng Shui eine Form von Geomantie. Primitive Urvölker waren darin genauso sensibilisiert wie die großen Baumeister der ägyptischen und griechischen Antike; auch bei uns in Europa gab es ein sehr tiefes Wissen über diese Zusammenhänge, man denke nur an die Kelten oder auch die alten Germanen, die für ihre Bauten und Zeremonien besondere Plätze aussuchten. In der jüngeren Geschichte waren es die »Bauhütten« und Bruderschaften, welche ihr Wissen beim Bau von Kirchen und Kathedralen, Klöstern, Schlössern, Burgen, Herrschafts- und Regierungssitzen einbrachten. Deren vielfältige Informationen über die Wirkung von Standorten, Baumaterialien, Proportionen, Himmelsrichtungen, die Wahl des optimalen Grundrisses und den gezielten Einsatz von Einrichtung, Kunst und Farbe waren jedoch nur für ausgewählte Mitglieder dieser Bünde erreichbar. Der einfache Bürger hatte keinerlei Zugang zu diesem Wissen und musste sich mit den im Bauern- und Bürgerstand vorhandenen Überlieferungen begnügen. Bauernregeln, das Wissen um die Mondrhythmen und Ähnliches zeugen heute noch davon. Anders als in China, blieben dem Normalsterblichen hier also nur sehr beschränkte Möglichkeiten, und es gibt fast keine aufgezeichneten und öffentlich zugänglichen Informationen. Daher sind wir auf das Wissen anderer Kulturen angewiesen – auf der Suche danach wurde das chinesische Feng Shui für den Westen entdeckt.

## Eine weltweite Erfolgsgeschichte

Seit einigen Jahren wird Feng Shui auch in der westlichen Welt immer populärer. Während es in Japan, Korea, auf den Philippinen, in Indien und Malaysia eigene Feng-Shui-Strömungen gibt, schwappte die chinesische Feng-Shui-Welle in die USA, nach Kanada, Australien und vor allem nach Europa. Hier wird es in London und im deutschsprachigen Raum zum regelrechten »Boom«.

Die ersten, die Feng Shui in der westlichen Architektur einsetzten, waren internationale Konzerne, Versicherungen und Banken. Allerdings wurde das in der Regel streng geheim gehalten; zum einen, um sich einen gewissen Vorsprung gegenüber den Mitbewerbern zu sichern, zum anderen, um nicht in den Ruf zu kommen, sich mit »unwissenschaftlichen Methoden« abzugeben. Alle diese Unternehmen wollten das Arbeitsklima innerhalb ihrer Gebäude verbessern und damit Gewinn aus der Feng-Shui-Methode ziehen.

Die Idee ist einfach: Wenn das Umfeld »stimmt«, dann spüren das Mitarbeiter und Kunden gleichermaßen. Ein disharmonisches, Stress erzeugendes Umfeld erzeugt Spannung und gesundheitliche Schwächen. Wo man sich aber wohl fühlt, entsteht eine bessere zwischenmenschliche Beziehung, die Motivation steigt und somit die Leistungsbereitschaft; auch die Krankenstände sinken. Daher gehen mittlerweile viele Unternehmer dazu über, auch die Privatwohnungen ihrer Mitarbeiter mit Hilfe von Feng Shui zu harmonisieren. Schließlich sind glückliche, gesunde Angestellte das beste Potenzial einer Firma.

### DIE PHILOSOPHIE DES FENG SHUI

Feng Shui will Räumlichkeiten optimieren. Ähnlich unserem Gehirn, das wir nur zu bescheidenen sieben bis zehn Prozent nutzen, werden auch die Ressourcen unserer Wohnungen und Büros bei weitem nicht genutzt. Die Wege, dieses brachliegende Potenzial anzuzapfen, sind oft sehr einfach und können meist mit geringem Aufwand durchgeführt werden.

INFO

## Wie das Wohnen das Wohlgefühl beeinflusst

Die Erkenntnis, dass Seele, Geist, Körper und Umwelt sich gegenseitig beeinflussen und in sich bedingenden Wechselwirkungen voneinander abhängen, ist mindestens so alt wie die Lehre des Feng Shui.

Ein harmonisches Umfeld, seelisches und geistiges Wohlgefühl, Gesundheit, gute Beziehungen, glückliche Momente und Erfolg – all dies hängt eng miteinander zusammen, denn alles ist mit allem verbunden (dazu später mehr). Wie und wo wir wohnen beeinträchtigt unser Wohlbefinden und somit unser gesamtes Leben mehr, als wir gemeinhin glauben – und aus dieser Erkenntnis sollten nicht nur große Konzerne Gewinn ziehen…

Wenn wir uns in unserer Wohnung geborgen fühlen, wenn sie eine positive, freundliche Ausstrahlung hat, kann sie ein Ort der Entspannung sein, an dem wir täglich neue Energie und Lebensfreude tanken – Voraussetzung für unser Wohlbefinden.

Immer mehr Menschen fühlen sich deshalb in ihren »Designer-Wohnungen« und »Vorzeige-Häusern« unzufrieden und ungeborgen. Feng Shui lehrt uns, wieder mehr auf unsere eigentlichen Bedürfnisse zu achten. Wir sollten uns daher so einrichten, dass Gefühle der Geborgenheit, der Stärke und des Glücks entstehen, dass freudige, liebevolle und erotische Stimmungen aufkommen können – so, wie wir es brauchen.

> **WICHTIG!**
>
> **DIE CHINESISCHE KULTUR EINFACH KOPIEREN?**
>
> Die Ideen des Feng Shui lassen sich durchaus auf unsere westliche Sicht der Dinge übertragen. Wichtig ist allerdings, dass wir die praktischen Anregungen des Feng Shui unseren Bedürfnissen anpassen. Selbst wenn wir heute in einer Zeit der globalen Vernetzung leben, dürfen wir nicht vergessen, dass in unserem Teil der Erde eine andere Kultur und ein völlig unterschiedliches Weltbild besteht als in Asien. Man kann daher viele kulturelle Eigenheiten nicht einfach ungefiltert in unser westliches Leben übertragen. Dies wird leider allzu oft getan, mit dem Resultat, dass sich Menschen mit Gegenständen umgeben, die nicht zu ihnen passen, Unbehagen und Befremden auslösen und deshalb nicht geeignet sind, das eigene Leben zu verbessern. Um Feng Shui zu praktizieren, können Sie auf spezielle chinesische Hilfsmittel durchaus verzichten. Innerhalb unserer Kultur stehen uns genügend eigene Mittel zur Verfügung, um auf unser Leben und Wohlbefinden positiv Einfluss zu nehmen.

Rechnen Sie einmal zusammen, wie viel Zeit Sie täglich in Ihrer Wohnung verbringen. Wie viel Zeit verbringen Sie damit, sich über irgendetwas dort zu ärgern, zum Beispiel über die Unordnung oder die hässliche Tapete im Flur, über das Brummen des Toilettenventilators oder den Lärm der Baustelle nebenan? Selbst wenn das insgesamt nur 5 Minuten sind – aufs Jahr hochgerechnet sind das über 30 Stunden, in denen Sie nichts tun, als sich zu ärgern, und zwar nur über Ihren Wohnbereich… Achten Sie auch auf die scheinbar kleinen, nebensächlichen Dinge in Ihrer Wohnung, denn gerade diese bergen in ihrer Unauffälligkeit ein großes negatives Potenzial. An welchen Dingen oder Farben aber freuen Sie sich immer wieder, in welchem Raum fühlen Sie sich wohl, kaum dass Sie ihn betreten haben? Welchen Raum nutzen Sie täglich am häufigsten in Ihrer wachen, aktiven Zeit?

Und wie sind Sie eigentlich mit Ihrem Leben zufrieden? Wünschen Sie sich in einigen Bereichen Verbesserungen – wie steht es um Liebe, Kreativität, Freunde, Geld?

Feng Shui zu praktizieren heißt, in Ihrer Wohnung gewisse Veränderungen vorzunehmen, um die Atmosphäre zu verbessern, um Ihre Wohnung zu einer Quelle der Energie und des persönlichen Wohlbefindens zu machen und um gezielt bestimmte Lebensbereiche zu beeinflussen. Mit allem, was Sie verändern, können Sie Ihren Geschmack und die individuellen Bedürfnisse ausdrücken und so Ihre Umgebung Ihrem Wesen gemäß gestalten.

Und wenn Sie Ihre derzeitige Wohnsituation als unbefriedigend empfinden: Indem Sie Ihre aktuelle Wohnung so optimal wie möglich gestalten, werden Sie Energie und Glück stärken, um in naher Zukunft eine angemessene neue Wohnung zu finden.

## Was wollen Sie verändern?

Um die vielfältigen Möglichkeiten des Feng Shui nutzen zu können, ist es wichtig zuerst eine Bestandsaufnahme der derzeitige Lebenssituation durchzuführen. Schließlich baut die Zukunft auf der Gegenwart auf. Verschaffen Sie sich Klarheit darüber, womit Sie in Ihrem Leben unzufrieden sind und was Sie gerne verändern möchten. Denn: »Nur ein Schiff, das seinen Hafen kennt, wird den Weg nach Hause finden.« Der Test auf den folgenden Seiten wird Ihnen helfen, Ihre Situation zu analysieren und dann Änderungen einzuleiten.

## WIE GEHT ES IHNEN?

Starten Sie Ihr persönliches Feng-Shui-Abenteuer, indem Sie die folgenden Fragen so ehrlich wie möglich beantworten. Die Auswertung wird Ihnen Hinweise darüber geben, welche Bereiche Ihres Lebens mehr Lebendigkeit, Fülle oder Harmonie benötigen.

|  | Ja! | Na ja … | Nein |
|---|---|---|---|

### 1. KARRIERE, LEBENSWEG, BERUF

| | | | |
|---|---|---|---|
| Fühlen Sie sich auf dem richtigen Weg? | ☐ | ☐ | ☐ |
| Lieben Sie Ihren Beruf? | ☐ | ☐ | ☐ |
| Bekommen Sie die Anerkennung, die Ihnen zusteht? | ☐ | ☐ | ☐ |
| Freuen Sie sich über das, was Sie tun? | ☐ | ☐ | ☐ |

### 2. PARTNERSCHAFT

| | | | |
|---|---|---|---|
| Führen Sie eine harmonische Beziehung? | ☐ | ☐ | ☐ |
| Kommen Sie gut mit Ihren Kollegen klar? | ☐ | ☐ | ☐ |
| Finden Sie leicht Anschluss? | ☐ | ☐ | ☐ |
| Haben Sie einen guten Freund/eine gute Freundin? | ☐ | ☐ | ☐ |

### 3. FAMILIE, ELTERN, VORGESETZTE

| | | | |
|---|---|---|---|
| Haben oder hatten Sie eine gute Beziehung zu Ihren Eltern? | ☐ | ☐ | ☐ |
| Waren/sind Ihre Großeltern für Sie wichtig? | ☐ | ☐ | ☐ |
| Ist Ihr Chef für Sie ein großartiger Supervisor? | ☐ | ☐ | ☐ |
| Hatten Sie einige Lehrer, die Sie heute noch schätzen? | ☐ | ☐ | ☐ |

### 4. GLÜCK, SEGEN, REICHTUM

| | | | |
|---|---|---|---|
| Fühlen Sie sich manchmal »grundlos« glücklich? | ☐ | ☐ | ☐ |
| Fliegt Ihnen zu, was Sie brauchen? | ☐ | ☐ | ☐ |
| Geld zu verdienen fällt Ihnen leicht? | ☐ | ☐ | ☐ |
| Haben Sie ein gutes Selbstwertgefühl? | ☐ | ☐ | ☐ |

### 5. GESUNDHEIT, INNERE RUHE, STABILITÄT

| | | | |
|---|---|---|---|
| Fühlen Sie sich rundum gesund? | ☐ | ☐ | ☐ |
| Ist Ihr Leben sehr stabil und ausgeglichen? | ☐ | ☐ | ☐ |
| Lassen Sie sich auch in hektischen Zeiten nicht aus der Ruhe bringen? | ☐ | ☐ | ☐ |

|  | Ja! | Na ja … | Nein |
|---|---|---|---|

### 6. HILFREICHE FREUNDE, UNTERSTÜTZUNG

|  | Ja! | Na ja … | Nein |
|---|---|---|---|
| Finden Sie in Krisenzeiten Unterstützung? | ☐ | ☐ | ☐ |
| Schätzen Sie sich selbst als hilfreich ein? | ☐ | ☐ | ☐ |
| Sind Sie großzügig? | ☐ | ☐ | ☐ |
| Fördern Sie andere Menschen oder Projekte? | ☐ | ☐ | ☐ |

### 7. KINDER, KREATIVITÄT, FREUDE, GEFÜHLSWELT

|  | Ja! | Na ja … | Nein |
|---|---|---|---|
| Sie sind selbst Vater oder Mutter und würden die Beziehung zu Ihren Kindern im Allgemeinen als eher harmonisch bezeichnen? | ☐ | ☐ | ☐ |
| Sie haben zwar selbst keine Kinder, doch fühlen sich Kinder bei Ihnen wohl? | ☐ | ☐ | ☐ |
| Würden Sie sich als kreativ bezeichnen? | ☐ | ☐ | ☐ |
| Fällt es Ihnen leicht, neue Ideen zu entwickeln? | ☐ | ☐ | ☐ |
| Gönnen Sie sich regelmäßig Zeit für die schönen Dinge des Lebens? | ☐ | ☐ | ☐ |

### 8. WISSEN, GEISTIGE WELT

|  | Ja! | Na ja … | Nein |
|---|---|---|---|
| Fällt es Ihnen leicht, neue Dinge zu lernen? | ☐ | ☐ | ☐ |
| Vertrauen Sie Ihrer Intuition? | ☐ | ☐ | ☐ |
| Gibt es für Sie eine »höhere Macht«? | ☐ | ☐ | ☐ |
| Gönnen Sie sich manchmal stille Momente zum Nachdenken? | ☐ | ☐ | ☐ |

### 9. RUHM, ERKENNTNIS, IMAGE

|  | Ja! | Na ja … | Nein |
|---|---|---|---|
| Werden Sie von anderen Menschen geachtet? | ☐ | ☐ | ☐ |
| Die Meinung anderer ist Ihnen völlig egal? | ☐ | ☐ | ☐ |
| Sie nutzen das Leben, um Ihre Persönlichkeit täglich weiterzuentwickeln? | ☐ | ☐ | ☐ |
| Ist Ihr Leben erfüllend? | ☐ | ☐ | ☐ |

In welchem Bereich haben Sie besonders oft »Nein« oder »Na ja« angekreuzt? Ordnen Sie nun nach Priorität: Welcher der neun Bereiche müsste sofort verbessert werden, welcher Aspekt folgt an zweiter, welcher an dritter Stelle? Und was ist Ihr Ziel?

## FALLBEISPIEL

So könnte beispielsweise Maria, eine 32-jährige Angestellte, die sich vor kurzem von ihrem langjährigen Partner trennte, schreiben:
»Für mich sind momentan folgende Lebensbereiche sehr wichtig:
- Eltern: Ich möchte mich mit ihnen endlich wieder versöhnen.
- Partnerschaft: Ich bin nun wieder bereit für eine neue Beziehung und sehne mich nach einer harmonischen Partnerschaft.
- Kreativität: Ich werde endlich wieder zu malen beginnen. Außerdem habe ich einige neue Geschäftsideen, die ich meinem Chef gerne vorschlagen würde.«

Die Zonen 1 bis 9 entsprechen den neun Bereichen des »Bagua« (siehe Seite 42ff.): Jeder Abschnitt einer Wohnung oder eines Hauses steht in Beziehung zu einem speziellen Lebensbereich, so dass Maria nun die jeweilige Zone der Eltern (»Familie«), der »Partnerschaft« und der Kreativität (»Kinder«) suchen und aktivieren muss. Wie dies gelingt, erfahren Sie ab Seite 46ff.

## WIE WOHNEN SIE ZUR ZEIT?

Nachdem Sie nun Ihre persönlichen (inneren) Anliegen geklärt haben, soll Ihnen der folgende Streifzug durch Ihre Wohnung helfen, auch das äußere Umfeld zu analysieren.

|  | Ja! | Nein |
|---|---|---|
| **Umgebung** | | |
| Ist das Umfeld belastet von größeren Störeinflüssen wie laute Fabriken, stark befahrene Straßen? | ☐ | ☐ |
| Ist der Blick nach vorne blockiert? | ☐ | ☐ |
| Fehlt dem Haus seitlich oder hinten der Schutz durch Nachbargebäude, Bäume oder einen Berg? | ☐ | ☐ |
| Fehlt dem Gebäude ein Garten oder zumindest eine Grünfläche? | ☐ | ☐ |
| Ihre Wohnsituation erlaubt keinen direkten Blick auf sauberes Wasser, wie einen See, Fluss oder Teich? | ☐ | ☐ |
| Steht das Haus am Ende einer Sackgasse oder läuft eine Straße direkt auf Ihr Haus zu? | ☐ | ☐ |
| **Haus und Zugang** | | |
| Ist das Haus für den Besucher schwer zu finden? | ☐ | ☐ |
| Ist der erste Eindruck des Hauses stark von der Garage geprägt? | ☐ | ☐ |
| Macht das Gebäude einen insgesamt verwahrlosten Eindruck? | ☐ | ☐ |

|  | Ja! | Nein |
|---|---|---|
| Ist der Zugangsweg beengt oder finster? Klemmt das Gartentor oder streikt die Türsprechanlage? | ☐ | ☐ |
| Blockieren Bäume die Aussicht aus dem Haus, und verdunkeln sie gar die Innenräume? | ☐ | ☐ |
| Ist der Gebäudegrundriss eher unruhig oder stark ausgebuchtet? | ☐ | ☐ |

> **Wohnungs- oder Hauseingang**

|  | Ja! | Nein |
|---|---|---|
| Ist der Eingang von Säulen, Mauern oder Bäumen überschattet? | ☐ | ☐ |
| Ist die Eingangstür unrepräsentativ, versteckt liegend und auch noch schlecht beleuchtet? | ☐ | ☐ |
| Ist unklar, welche der Türen der Haupteingang ist? | ☐ | ☐ |
| Öffnet die Tür nach außen, so dass Sie beim Eintreten zuerst einen Schritt rückwärts machen müssen? | ☐ | ☐ |
| Zeigen die Kanten von Nachbarhäusern oder andere spitze Elemente gegen Ihr Haus? | ☐ | ☐ |
| Falls ein Windfang vorhanden ist: Wirkt dieser wie ein kalter, unfreundlicher Anhang zum Gebäude? | ☐ | ☐ |

> **Foyer**

|  | Ja! | Nein |
|---|---|---|
| Ist der erste Eindruck beim Nachhausekommen die Wand oder die überladene Garderobe? | ☐ | ☐ |
| Ist der Vorraum dunkel und unfreundlich? | ☐ | ☐ |
| Blicken Sie vom Eingang unmittelbar auf die WC-Tür oder den Abstellraum? | ☐ | ☐ |
| Läuft eine Treppe direkt auf die Eingangstür zu? | ☐ | ☐ |
| Können Sie vom Eingang direkt nach hinten in den Garten blicken? Oder liegt die Hintertür direkt gegenüber? | ☐ | ☐ |
| Ist der Raum, der vom Eingang aus gesehen am meisten Aufmerksamkeit erhält, das Schlafzimmer, die Küche oder das Büro? | ☐ | ☐ |

> **Schlafzimmer**

|  | Ja! | Nein |
|---|---|---|
| Liegt das Schlafzimmer nahe der Eingangstür? | ☐ | ☐ |
| Befindet sich das Bett zwischen Schlafzimmertür und Fenster? | ☐ | ☐ |
| Ist das Bad oder WC direkt mit dem Schlafzimmer verbunden? | ☐ | ☐ |
| Sind große Spiegel im Raum, reflektieren sie die Schlafenden? | ☐ | ☐ |
| Hängen schwere Lampen über dem Bett, oder schlafen Sie unter Balken? | ☐ | ☐ |
| Befindet sich ein Bücherbord über dem Kopfende? | ☐ | ☐ |

|  | Ja! | Nein |
|---|---|---|
| **Küche** | | |
| Steht der Kochende mit dem Rücken zur Tür? | ☐ | ☐ |
| Befindet sich oberhalb des Herdes ein schwerer Dunstabzug, oder läuft ein Balken darüber? | ☐ | ☐ |
| Steht der Herd in der Ecke? | ☐ | ☐ |
| Befindet sich neben dem Herd die Spüle oder der Kühlschrank? | ☐ | ☐ |
| Leidet die Küche unter schlechter Luftqualität? | ☐ | ☐ |
| **Esszimmer** | | |
| Liegt das Esszimmer weit entfernt von der Küche? | ☐ | ☐ |
| Ist der Raum mit vielen alten oder belastenden Gegenständen dekoriert? | ☐ | ☐ |
| Hat der Esstisch eine Glasplatte? | ☐ | ☐ |
| Hat der Tisch eine Trennfuge, wie sie bei Auszugstischen vorkommt? | ☐ | ☐ |
| Hat der Tisch abgeschrägte Ecken? | ☐ | ☐ |
| **Wohnzimmer** | | |
| Wirkt das Zimmer ungeschützt und extrem offen? | ☐ | ☐ |
| Befinden sich Ihre Sitzmöbel mitten im Raum? | ☐ | ☐ |
| Liegt direkt gegenüber der Tür das Fenster? | ☐ | ☐ |
| Trifft sich Ihre Familie nur selten im Wohnzimmer? | ☐ | ☐ |
| Befindet sich hier ein offener Kamin, der kaum genutzt wird? | ☐ | ☐ |
| **Wintergarten** | | |
| Fühlen Sie sich in Ihrem Wintergarten manchmal ungeschützt? | ☐ | ☐ |
| Ist es schwierig oder unmöglich, die Glasflächen bei Bedarf zu schließen oder abzudunkeln? | ☐ | ☐ |
| Sollte der Raum mehr Pflanzen beherbergen? | ☐ | ☐ |
| Ragt der Wintergarten sehr weit aus dem Gebäudegrundriss vor? | ☐ | ☐ |
| **Kinderzimmer** | | |
| Schläft Ihr Kind nahe an der Tür oder zwischen Tür und Fenster? | ☐ | ☐ |
| Steht der Schreibtisch so, dass Ihr Kind mit dem Rücken zur Tür lernen muss? | ☐ | ☐ |
| Lernt Ihr Kind lieber im Bett oder am Küchentisch? | ☐ | ☐ |
| Kommt Ihr Kind trotz seines Alters nach wie vor regelmäßig zu Ihnen ins Bett? | ☐ | ☐ |

|  | Ja! | Nein |
|---|---|---|
| **Bad und WC** | | |
| Steht bei Ihnen zu Hause die Badezimmertüre meist sperrangelweit offen? | ☐ | ☐ |
| Hat Ihr Bad oder WC kein Fenster? | ☐ | ☐ |
| Haben Sie sich schon mal darüber geärgert, dass das Badezimmer zu wenig Licht hat? | ☐ | ☐ |
| Wünschen Sie sich gelegentlich einen größeren Spiegel? | ☐ | ☐ |
| Steht der WC-Deckel meistens offen? | ☐ | ☐ |
| **Büro** | | |
| Ist das Büro mit Unterlagen und Büchern voll gestopft oder mit vielen Möbeln zugestellt? | ☐ | ☐ |
| Können Sie von Ihrem Sitzplatz aus die Tür nicht sehen? | ☐ | ☐ |
| Blicken Sie direkt vor dem Fenster auf eine gegenüberliegende Hauswand? | ☐ | ☐ |
| Ist Ihr Schreibtisch arg überladen, und finden Sie es schwierig, Ordnung zu halten? | ☐ | ☐ |
| **Abstellraum** | | |
| Ist der Abstellraum eher schlecht beleuchtet? | ☐ | ☐ |
| Ist er mit vielen eigentlich unwichtigen Dingen voll gestopft? | ☐ | ☐ |
| **Dachboden und Keller** | | |
| Ist der Dachboden oder/und der Keller mit viel Gerümpel regelrecht zugestellt? | ☐ | ☐ |
| Können Sie sich nicht von diesen Dingen trennen, da man ja nie weiß, ob man sie nicht nochmals braucht? | ☐ | ☐ |

Je öfter Sie mit »Ja« antworten mussten, desto mehr Aspekte Ihres Wohnumfeldes können verbessert werden.
Die Prinzipien des Feng Shui sind sehr klar und einfach. Schritt für Schritt werden Sie sich im Verlauf dieses Buches mit den nötigen Erklärungen und Abhilfen vertraut machen, so dass Sie nach der Lektüre genau Bescheid wissen, welche Veränderungen Sie durchführen möchten.

Viel Spaß bei der Reise durch Ihr persönliches Feng-Shui-Land...

# Weisheit und Werkzeuge
## des Feng Shui

Und los geht's: Am besten nehmen Sie eine Kopie Ihres Wohnungsplans, in den Sie alle Möbel einzeichnen, einen Plan Ihres Gartens (wenn Sie einen haben) mit Beeten und allen größeren Pflanzen, außerdem das Bagua-Transparent von Seite 128, dazu Notizpapier und Stift. So können Sie gleich anmerken, wo die neuralgischen Punkte in Ihrer Wohnung sind und was Sie dort verändern wollen.

# Lebensenergie »Chi«

**Feng Shui** geht davon aus, dass alles, was uns umgibt, aus Energie besteht. Unter diesem Begriff ist nicht so sehr Energie im Sinne von Elektrizität aus der Steckdose gemeint, sondern jene universelle Kraft, die die Welt bewegt und deren Ursprung und Wesen man in den modernsten Kernforschungszentren eifrigst nachspürt. Oder um mit Goethe zu sprechen »Was die Welt im Innersten zusammenhält«. Im alten Indien nannte man diese Energie Prana, in Japan Ki und in China Chi. Diese feinstoffliche Substanz, aus der der gesamte Kosmos besteht, fließt auch in uns. Indem wir atmen und essen nehmen wir laufend Chi in uns auf. Auch unsere seelische und geistige Entwicklung wird von diesem universellen Energiestrom gelenkt. Alle Grundsubstanzen, alle lebenden Körper und jede »tote« Materie werden von dieser Kraft gesteuert. So ist es auch nur logisch, dass der Bewohner einer Wohnung als auch die Wohnung selbst von diesem Chi durchdrungen sind und damit auch versorgt sein müssen.

## Energie soll fließen

Die Natur kennt nur fließende Bewegungen. Jeder natürliche Bach mäandert durch die Landschaft; selbst wir Menschen bewegen uns niemals entlang einer exakten Geraden von A nach B. Im Gegenteil: solche perfekten Achsen empfinden wir als anstrengender als sanfte, schwingende Formen. Beobachten Sie sich beim nächsten Sonntagsspaziergang auf einer Wiese. Wie leicht und beschwingt bewegen Sie sich doch auf dieser, und wie ermüdend ist im Vergleich dazu der scheinbar hindernisfreie Einkaufsbummel im City-Center.

Nach diesem Prinzip sollten alle Bewegungsabläufe innerhalb Ihrer Wohnung in sanft fließender Weise erfolgen. Raumanordnung und Möblierung müssen den Bedürfnissen der Bewohner und dem Chi-Fluss entgegenkommen.

### Feng Shui ist Akupunktur im Raum

Eines der Geheimnisse des Feng Shui liegt also im harmonischen Fließen der Energie. Freies Zirkulieren und eine gute Versorgung aller Raumbereiche mit der Lebensenergie Chi führt zu Gesundheit, Erfolg und Wohlbefinden. Blockierte Bahnen hingegen verursachen einen Stau und bringen Hemmnisse oder Krankheit. Die Prinzipien von Energiefluss und -stau sind Fundament vieler ganzheitlich ausgerichteter Behandlungsmethoden. Selbst die klassisch westliche Schulmedizin akzeptiert inzwischen Akupunktur, obwohl diese auf der Annahme basiert, dass sich unsichtbare Energieflüsse in »Meridianen« durch den Körper bewegen. Unter Meridianen versteht man in der chinesischen Medizin Energieleitbahnen, die an der Hautoberfläche des Menschen verlaufen und in Verbindung zu Organen und Körperteilen stehen. Kann die Lebensenergie in diesen Bahnen nicht ungehindert fließen, beispielsweise als Folge ungesunder Lebensweise oder durch ein krankmachendes Umfeld, äußert sich

> **TIPP**
>
> **ENERGIEFLUSS CHI**
>
> Die unsichtbare Lebensenergie Chi kann mit Hilfe von Feng Shui optimal ins Fließen gebracht werden. Dies kann innerhalb eines Menschen geschehen und beeinflusst dessen Gesundheit, kann aber auch im äußeren Umfeld, wie der Wohnung oder dem Grundstück, eingesetzt werden, was dann das Schicksal und Wohlergehen dieser Person im weiteren Sinne bestimmt.

## BESTIMMEN SIE DEN CHI-FLUSS IN IHRER WOHNUNG

> Wie verläuft eigentlich der Energiefluss in Ihrer Wohnung? In welchen Bereichen halten Sie und Ihre Gäste sich bevorzugt auf, welche Räume führen einen Dornröschenschlaf?

1. Sie benötigen die Fotokopie Ihres Grundrissplans, oder Sie fertigen selbst eine einfache Skizze an. Wichtig ist, auch die Möbel einzuzeichnen.
2. Zeichnen Sie jetzt ähnlich der oben stehenden Abbildung den Bewegungsfluss der Energie in Ihren Plan mit Farbe ein. Beginnen Sie beim Eingang, und folgen Sie in zirkulierenden, »Walzer tanzenden« Bewegungen dem Chi von Raum zu Raum. Wo gibt es unbelebte Winkel und Ecken, an welcher Stelle blockieren Möbel den Weg, welchen Raum würden Sie am liebsten ganz auslassen?
Überall dort, wo Sie beim Zeichnen bemerkt haben, dass der Stift nicht ganz freiwillig »hineintanzt«, ist mit einem Chi-Mangel zu rechnen. Mit Mobiliar übermäßig vollgestellte Zimmerbereiche, Räume ohne Fenster (Abstellraum, Bad, WC) und selten genutzte Wohnungsteile sollten daher entrümpelt und anschließend aktiviert werden. Geeignet dafür sind alle ab Seite 71ff. angeführten Maßnahmen.

> Das optimal fließende Chi »tanzt« durch den Raum.

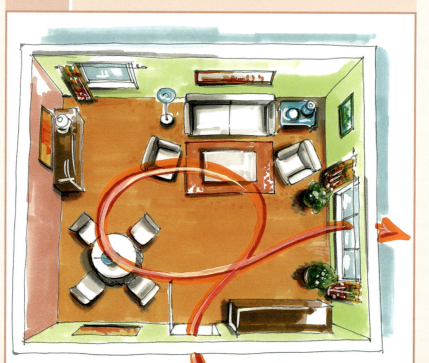

## HILFSMITTEL FÜR DEN ENERGIEFLUSS

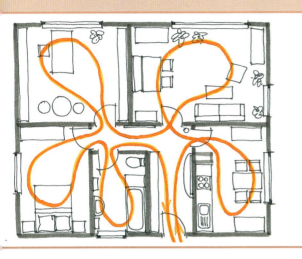

Im Feng Shui sind es spezielle Hilfsmittel (siehe Seite 71ff.), die ähnlich einer Akupunkturnadel das Chi zum Fließen bringen. Wenn dabei der entsprechende Punkt aktiviert wird, kann das große und verblüffende Auswirkungen haben. Auf die Wohnung übertragen heißt das, eine kleine, aber gezielte Änderung kann Wunder bewirken.

das in körperlichen und seelischen Beschwerden. Auf den Meridianen befinden sich hunderte von Bezugspunkten, über die der geschulte Arzt Kontakt zum erkrankten Körperteil aufnehmen kann. Mit einer hauchfeinen Nadel sticht er in einen solchen Punkt und löst mit diesem Impuls die Blockade im zugeordneten Organ: Der Energiefluss stellt sich wieder ein – die Gesundung kann beginnen.

## Betrachten Sie Ihre Wohnung

Die Aufgabe des Feng Shui ist es, in jedem Umfeld den bestmöglichen Chi-Fluss zu gewährleisten. Innerhalb einer Wohnung oder eines Gebäudes sollen alle wichtigen Bereiche gut mit Energie versorgt werden. Idealerweise zirkuliert der Lebensstrom des Chi leicht und ungehindert von Raum zu Raum. Das Chi tritt in erster Linie durch die Tür ein. In Zimmern mit nur einer Türe muss der Hauptenergiestrom an ein und derselben Stelle sowohl hinein- als auch hinausfließen. Dies bremst die freie Chi-Bewegung, die zudem durch eine überladene Zimmereinrichtung noch erschwert werden kann. Deshalb sollte vor allem in Wohn- und Arbeitszimmern immer wieder für Platz gesorgt werden. Fenster lassen übrigens zusätzliche Energie ein, durch sie fließt verbrauchtes Chi vorrangig wieder ab. Wenn sich Tür und Fenster direkt gegenüberliegen, entsteht »Durchzug«, und viel Chi rauscht geradewegs zum Fenster hinaus.

LEBENSENERGIE »CHI«

## Schneidendes Chi oder Sha-Chi

Energie ist nicht zwangsläufig förderlich, sie kann unter bestimmte Voraussetzungen auch belastend oder gar zerstörerisch wirken. Im Feng Shui nennt man sie dann Sha oder Sha-Chi.

Wie bereits erwähnt, kennt die Natur nur fließende Bewegungen. Längere Geraden sind unnatürlich; die Beobachtung hat bestätigt, dass sich überall dort, wo von Menschenhand solche Geraden geschaffen wurden, belastende Energieströme aufbauen. Sha-Chi entsteht durch Leitungen, Kanäle, Straßen, Geleise, Brücken, am Ende einer Sackgasse, aber auch in einem langen Gang innerhalb eines Gebäudes. Dort wird die Energie – wie auf einer Autobahn – zu sehr beschleunigt und wirkt dadurch überwältigend, und zwar im Negativen. Besonders betroffen ist der Raum am Ende eines langen Ganges. In diesem sollte niemand gegenüber der Türe schlafen oder arbeiten.

Sha-Energie entsteht auch an Mauerkanten, Hausecken, Dachkanten, durch Laternen oder Hinweispfeile.

Jeder in den Raum ragende spitze Gegenstand sowie scharfe Ecken von Schränken oder Tischen wirken ebenfalls wie Messer auf den Energiefluss und erzeugen Sha.

Dieses Schneidende Chi sollte nicht langfristig auf Menschen einwirken. Eine nachhaltige Irritation wäre die Folge. Ein lernendes Kind beispielsweise wird eher Konzentrationsschwächen und Lernprobleme vor einer solchen Kante entwickeln als an einem störungsfreien Lernplatz.

Vor allem Schlafplätze, Kochstellen und Sitzplätze sollten frei sein von Schneidendem Chi oder sich zumindest in gebührender Entfernung davon befinden – die Wirksamkeit verringert sich nämlich proportional zum Abstand.

> **TIPP**
>
> **GEGENMASSNAHMEN**
>
> Abhilfe bei einer »Energieautobahn« bringen bremsende und Chi-verteilende Maßnahmen, Anregungen dazu finden Sie ab Seite 71ff. Tipps zum Schutz gegen Schneidendes Chi des Umfelds finden Sie auf Seite 63. In der Wohnung können Sie Mauerkanten und Möbelecken zum Beispiel mit großen Zimmerpflanzen »entschärfen«. Im Prinzip lässt sich jeder Gegenstand, der groß genug ist, die Kante abzudecken, dafür benutzen.

# Alles ist mit allem verbunden

So wie innen, so auch außen. Alte Überlieferungen sprechen immer wieder davon, dass unser Universum nach exakten Grundstrukturen aufgebaut ist. Von jeher haben sich die großen Denker wie Lao Tse oder Konfuzius mit diesen Zusammenhängen beschäftigt. In den »Hermetischen Schriften«, die als Basis westlichen esoterischen Denkens gelten, wird in den sieben hermetischen Prinzipien unter anderem festgehalten, dass sich jedes Ereignis und Muster, und sei es noch so klein, auch im größeren Zusammenhang widerspiegelt. Wie oben so unten, wie innen so außen, wie im Kleinen so im Großen – oder anders ausgedrückt: wie im Mikrokosmos so im Makrokosmos. Man schreibt diese Lehren der Halbgottheit Hermes Trismegistos zu, der als Überbringer der universellen Lehren angesehen wird. Im Mittelalter berief man sich in der Alchemie und Spiritualität auf ihn. Dies bedeutet, dass unser Denken, unser Fühlen, unsere Erziehung, unsere Kultur, unsere psychischen »Muster«, kurzum alles, was und wer wir sind, im äußeren Umfeld seine Entsprechung findet.
So sind nicht nur die Wohnung, sondern auch die Gesundheit ein Spiegel der Persönlichkeit. Genauso gilt es umgekehrt: Auch das eigene Befinden und die persönliche Entwicklung beeinflussen wie unsere Wohnung ausehen wird.

> In der Natur ist alles aufeinander abgestimmt

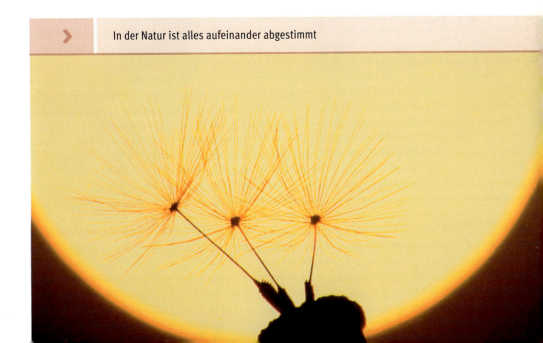

Der Biochemiker und Zellbiologe Rupert Sheldrake formulierte in den 80er Jahren die These des »Morphogenetischen Feldes« und bewies mit seinen Forschungsergebnissen, warum Feng Shui wirkt. Er erkannte, dass alles mit allem verbunden ist, weshalb eine Veränderung in einem Teil (beispielsweise der Wohnung) auch eine Auswirkung in einem anderen System (den jeweils damit verbundenen Personen) haben muss. Feng Shui wirkt, weil es auf diesen universellen Gesetzmäßigkeiten aufbaut.

## Das innere Feng Shui

Unser Umfeld übt einen wesentlichen Einfluss auf uns aus, da wir immer mit ihm in Beziehung stehen. Es ist eben ein Riesenunterschied, ob ein Wohnhaus inmitten grüner Wiesen und Wälder steht oder an einer stark befahrenen Straße in der Großstadt.

Untersuchungen haben allerdings gezeigt, dass die Wirkung eines Umfelds letztlich von uns selbst, von unserer Gedanken bestimmt wird. Es hat sich herausgestellt, dass Menschen, die ein fröhliches und positives Gemüt haben, ein störendes Nebenan als weniger belastend wahrnehmen und empfinden. Die schwächende Wirkung dringt nicht oder nur gedämpft zu ihnen durch. Gewissermaßen gestalten diese Menschen ihre Umwelt selbst, und zwar nicht, weil sie

**TIPP**

### ZAUBERWORT – BALANCE

Alle äußeren Feng-Shui-Maßnahmen können durch eine entsprechend positive Einstellung enorm gestärkt werden. Ihre Gefühle, Gedanken und Vorstellungen sind die Werkzeuge des inneren Feng Shui. Jede bewusst und mit Freude durchgeführte Feng-Shui-Verbesserung wird daher hilfreicher wirken, als wenn die Veränderung in Stress, Ärger oder Zweifel geschieht. Denn Feng Shui strebt die Harmonie der inneren, feinstofflichen (Gedanken-)Welt mit der äußeren, physischen Umgebung an.

# Alles ist mit allem verbunden

sich eine heile Welt vorgaukeln, sondern weil sie aus ihrem innersten Naturell heraus gelernt haben, sich von belastenden Elementen nicht herunterziehen zu lassen. Stattdessen verwenden sie ihre ganze Kraft darauf, das Positive in sich und in ihrem direkten Umfeld zu stärken. Genauso, wie das Licht die Dunkelheit überwindet, kann eine fröhliche und optimistische Lebenshaltung vieles verwandeln.

Erinnern Sie sich daran, wenn Sie sich das nächste Mal über Ihren Nachbarn oder den Lärm aus der Umgebung ärgern. Vielleicht gelingt es Ihnen ja, den Lärm als etwas Positives zu begreifen »hier sind andere Menschen« oder sogar »ich bin nicht alleine; vielleicht sollte ich mal meinen Nachbarn besuchen«. Gedanken sind höchst wirksame Kräfte, die das Leben stark beeinflussen. Denken Sie an erfolgreiche Sportler: Sie sind immer auch »Weltmeister im Positiv-Denken«, denn vor jedem Triumph steht neben dem zielorientierten (körperlichen) Training auch die reine Vorstellung des zukünftigen Erfolgs. Dies nennt man mentale Stärke, ohne die der Sieg kaum zu erringen ist.

Im Prinzip wäre es deshalb sogar möglich, sich Feng-Shui-Lösungen nur zu denken; dies würde jedoch viel Erfahrung, Fokussierung und auch innere Überzeugung voraussetzen – ohne jede Form von Selbstzweifel. Um Feng Shui jedem zugänglich zu machen, dienen materielle Werkzeuge und Symbole als Unterstützung.

## Die Wirkung auf andere

Wann immer Sie Möbel umstellen, Bilder aufhängen oder ein Zimmer neu ausmalen, betreiben Sie Feng Shui. Sie verändern Ihr Umfeld und somit den Energiefluss und die Schwingung innerhalb der Räume, die Sie umgeben. Dies beeinflusst alle Mitglieder Ihrer Familie oder Mitbewohner, jedoch unterschiedlich stark. Denn jeder Mensch hat seine charakterlichen Eigenheiten und lässt Veränderungen nur durch einen individuellen »Filter« zu. Dies ist auch gut so, denn dadurch sind wir nicht so leicht zu beeinflussen und in der Lage, selbstbestimmt zu handeln.

Wenn eine Maßnahme nur für Sie alleine gedacht ist, sollten Sie diese in Ihrem ganz privatem Bereich durchführen, also in den Räumlichkeiten oder Zonen, die bevorzugt von Ihnen alleine genutzt werden. Damit vermeiden Sie eine Beeinflussung der Mitbewohner.

**INFO**

| Yin-Phänomene (ursächliche Aspekte) | Yang-Phänomene | Yin-Phänomene (auf räumliche Aspekte bezogen) | Yang-Phänomene |
|---|---|---|---|
| weiblich | männlich | geschwungene Formen | geometrische Formen |
| Erde | Himmel | gebrochene Linie (im IGing) | geschlossene Linie |
| Mond | Sonne | Schattenseite | Sonnenseite |
| Winter | Sommer | Holz | Metall |
| Körper | Seele | gerade Zahlen | ungerade Zahlen |
| Tal | Berg | offener Raum | feste Strukturen |
| Tiger | Drache | warme Farben | kalte Farben |
| kalt | warm (heiß) | unten | oben |
| schwer | leicht | links | rechts |
| aufnehmend | eindringend | abwärts | aufwärts |
| feucht | trocken | dunkel | hell |
| ruhend | bewegt | weich | hart |
| zusammengezogen | ausgedehnt | nach innen | nach außen |
| reagierend | agierend | hinten | vorne |

## Yin und Yang – Leben in Balance

Um Harmonie im Leben zu erreichen, sollten sowohl das äußere Umfeld, als auch die verschiedenen Aspekte des persönlichen Lebens weitestgehend in Balance sein. Eine vernünftige Mischung aus Aktivität und Ruhe beispielsweise hilft, die eigene Entwicklung voranzutreiben: Neben dem zielgerichteten Handeln findet der Mensch dennoch Muße und Regenerationsmöglichkeiten, zum Innehalten, Nachdenken und Auftanken. Solche gegensätzlichen Impulse werden in China mit »Yin« und »Yang« bezeichnet.

Die Kräfte des Yin und Yang zeigen uns, dass alles im Universum nach diesen zwei gegensätzlichen, sich aber ergänzenden Prinzipien ausgerichtet ist. Diese Zweiheit oder Pola-

# Yin und Yang – Leben in Balance

rität findet sich beispielsweise im Wechsel von Tag und Nacht oder in der Aufeinanderfolge von Ein- und Ausatmen beim Menschen.

Yin und Yang treten paarweise auf und sorgen gemeinsam für Harmonie und Ausgeglichenheit. Das Yin kann ohne das Yang nicht sein, die Helligkeit nicht ohne die Dunkelheit, Wärme gibt es nur, weil auch Kälte existiert, der Pluspol einer Batterie benötigt den Minuspol, und ebenso ergänzen sich Männliches und Weibliches.

Die Worte Yin und Yang sind lediglich Beschreibungen: Nichts an und für sich ist ausschließlich Yin oder Yang – nur in Beziehung zueinander hat ein Gegenstand oder Zustand Yin- oder Yang-Qualität und besitzt sowohl Yin- als auch Yang-Eigenschaften – einzig die Gewichtung ist unterschiedlich und wie der Balken einer Waage immer in Bewegung. Dies veranschaulicht auch das berühmte Symbol, denn Yin enthält bereits ein wenig Yang (dargestellt als weißer Punkt in der schwarzen Fläche) und in Yang wohnt bereits etwas Yin (der schwarze Punkt in der weißen Fläche).

Konkret auf Ihre Wohnung bezogen gibt ihnen die nebenstehende Tabelle einen Hinweis darauf, ob sie vermehrt mit weiblichen (Yin) oder männlichen Elementen ausgestattet ist. Problematisch wird es dann, wenn das Yin- oder das Yang-Phänomen auf Kosten des jeweils anderen extrem überbetont wird, sei es bewusst oder unbewusst.

Ein einfaches Beispiel findet sich im Bereich des Sports, konkret wenn es um muskuläres Training geht: Je mehr ein Sportler Schnellkraft trainiert, wie zum Beispiel im Sprint, desto weniger verfügen seine Muskeln über Langzeitausdauer, also die Befähigung einen Marathon zu laufen. Sie kennen sicherlich die mit Muskeln bepackten Sprinter im Vergleich zu

## PRINZIP DES AUSGLEICHS

Im Grunde genommen lassen sich alle Disharmonien des Lebens, ob in Gesundheit, Partnerschaft, Beruf oder im Wohnungbereich, auf die ungleiche Verteilung von Yin und Yang zurückführen. Bei allem, was Sie tun, sollten Sie ein ausgewogenes Wechselspiel der gegensätzlichen Kräfte anstreben. Ansonsten würde Einseitigkeit entstehen, und die universellen Gesetzmäßigkeiten müssten selbst, beispielsweise über den Weg der Krankheit, für Ausgleich sorgen. Feng-Shui-Maßnahmen können helfen, die nötige Balance wiederherzustellen, denn nach dem Prinzip des Ausgleichs sorgen sie in ruhigen Zonen für Aktivität und wirken andererseits dort stabilisierend ein, wo bereits ein Zuviel an Dynamik vorhanden ist.

INFO

den dünnen, sehnigen Langstreckenläufern. Oder denken Sie an extrem rational ausgerichtete Menschen; sie tun sich oft schwer, über ihre Gefühle zu sprechen oder diese gar zu zeigen. Auch eine extreme Willensbekundung muss nicht notwendigerweise zum gewünschten Ziel führen (wie ja so oft in den mentalen Trainings vermittelt wird), sondern kann gerade das Gegenteil bewirken: Je mehr ein Mensch etwas will, desto zwanghafter setzt er alles drauf und dran, es zu erhalten – und bekommt oftmals gar nichts.

Ein Zuviel des Einen kann sogar katastrophale Folgen haben. So bedient sich ein Feuer (Yang) züngelnd und aktiv ausbreitend, der passiven, ruhenden Materie des Holzes (Yin) – und lebt auf ihre Kosten davon. Was im heimatlichen Kamin noch gewünscht ist, hat bei einem Waldbrand oder einem Häuserbrand eine ungewollte, vernichtende Zerstörung.

## Die Fünf Wandlungsphasen

Die Ursprünge des gesamten chinesischen Denkens liegen in den Lehren des Taoismus begründet. Der Taoismus baut auf der Beobachtung der Natur und ihrer Wirkungsweisen auf. So stützen sich die chinesischen Wissenschaften, insbesondere die Medizin, in ihren Beschreibungen stark auf Naturmetaphern. Die Chinesen machten die Erfahrung, dass dynamische Umwandlungsprozesse etwas Allgegenwärtiges sind. Die Saat (Yin) wächst zur Pflanze heran (Yang), welche stirbt und zu Erde zerfällt (Yin). Das alles findet im jahreszeitlichen Wechsel statt. Der Winter (Yin) verwandelt sich über den Frühling in den Sommer (Yang), der wiederum über den Herbst zum Winter wird. So ist die Paarung Yin und Yang besonders gut dafür geeignet, duale oder polare Darstellungen zu benennen. Das System der »Fünf Elemente« oder »Fünf Wandlungsphasen« greift modellhaft rhythmische Strukturen von Wandlungsprozessen

**INFO**

### DIE FÜNF ELEMENTE

- **Holz:** wachsend, elastisch, verwurzelt, stark
- **Feuer:** trocken, heiß, aufsteigend, bewegend
- **Erde:** ergiebig, fruchtbar, Potenzial für Wachstum
- **Metall:** schneidend, hart, leitend
- **Wasser:** nass, kühl, absteigend, fließend, nachgiebig

Die Entsprechungen von Yin und Yang und den fünf Wandlungsphasen, anhand des Tagesrhythmus.

auf. So steht ein jedes Element symbolhaft für bestimmte Prozesse, Funktionen und Eigenschaften, die in der Natur zu beobachten sind:
Alle diese Elemente enthalten sowohl Yin- als auch Yang-Aspekte. Sie weisen damit darauf hin, dass alles mit allem in Austausch und in Beziehung ist. Weil es sich hierbei um laufend in Veränderung befindliche Energiezustände handelt, benutze ich auch den Begriff »Wandlungsphasen«.
Das System der Fünf Wandlungsphasen beschreibt, wie sich die unterschiedlichen Elemente zueinander verhalten und welche Beziehung sie miteinander haben, da sie sich gegenseitig bedingen und beeinflussen. Obwohl wir es hier mit einem sehr alten System zu tun haben, ist die Anwendung in der Feng-Shui-Praxis hoch aktuell. Im alten chinesischen Kaiserreich beanspruchte eine jede Dynastie eine Wandlungsphase für sich, der sie eine Tugend, quasi als Regierungsmotto, zuordneten; so wurde zum Beispiel der Phase Holz die Tugend »Güte« und die emotionale Entsprechung »Zorn« zugeordnet. Starb die Dynastie aus, suchte sich die darauffolgende Regierung zumeist ein entgegengesetztes Tugendmotto mit entsprechender Emotion aus – bei unserem Beispiel, das der Phase Metall.

Wann immer Sie ein Grundstück, Haus, Büro oder Zimmer betrachten, nehmen Sie bewusst oder unbewusst die dort in Material, Form und Farbe vorhandenen Elemente wahr und spüren, ob deren Mischung ausgewogen ist oder ob ein Element dominiert.

## Der Zyklus der Schöpfung und der Kontrolle

Vielleicht erinnern Sie sich an das bekannte Knobelspiel, bei dem zwei Kinder gleichzeitig ein Symbol mit ihrer Hand formen. Eine geschlossene Faust bedeutet »Stein«, die flache Hand »Papier« und die gespreizten Zeige- und Mittelfinger stehen für »Schere«. Wenn das Papier auf die Schere trifft, so ist die Schere die Stärkere, während die Schere beim Stein ihre Schneidkraft einbüßt und somit der Verlierer ist. Sollte der Stein jedoch auf das Papier treffen, so siegt diesmal das Papier, weil es den Stein umhüllt und somit kontrolliert.

Damit wird bereits unseren Kindern auf spielerische Weise beigebracht, dass man immer erst dann feststellen kann, wie etwas wirkt, wenn man den Gesamtzusammenhang kennt. Einmal siegt die Schere, ein andermal verliert sie. Genauso verhält es sich mit den Fünf Wandlungsphasen: Um die Wirkung eines Elements festzustellen, muss man dessen unmittelbares Umfeld betrachten und die Beziehungen der einzelnen Elemente zueinander berücksichtigen. Dargestellt werden diese unterschiedlichen Beziehungen als Kreisläufe oder Zyklen. Wenn sich die jeweils benachbarten Elemente harmonisch fördern, so nennt man dies den »Schöpferischen Zyklus«, während ein hemmendes Verhältnis als »Kontrollierender Zyklus« bekannt ist.

### Die Wandlungsphasen und ihre Zusammenhänge

Der Zyklus der Schöpfung beschreibt, wie die einzelnen Wandlungsphasen harmonisch ineinander übergehen, sich ineinander (ver-)wandeln. Ebenso wie der Geburt das Wachstum und dem Frühjahr der Sommer folgt, folgt nach dem Osten der Süden, dem Holz das Feuer und so fort. Das Chi sollte immer im Fluss von einem Element zum nächsten sein, da Harmonie nur dort entsteht, wo die Zyklen harmonisch ablaufen. Ein ungleichmäßiger Kreislauf würde zu Krankheiten oder Problemen führen.

Der zweite wichtige Kreislauf ist der Zyklus der Kontrolle. Dieser gibt Auskunft über jene Elemente, welche zueinander eine hemmende, also kontrollierende

## DIE FÜNF WANDLUNGSPHASEN

**ZYKLUS DER SCHÖPFUNG – »HOLZ NÄHRT FEUER«**

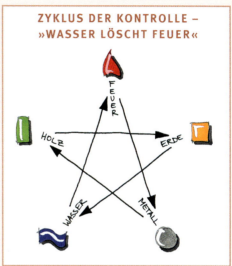

**ZYKLUS DER KONTROLLE – »WASSER LÖSCHT FEUER«**

**Holz:** Wird vom Wasser genährt (ein Baum benötigt Wasser zum Wachsen) und kontrolliert die Erde (der Baum entzieht der Erde Nährstoffe). Die Holzenergie ist nach oben und außen gerichtet, expandierend.

**Feuer:** Wird vom Holz genährt (aus Holz entsteht Feuer) und kontrolliert das Metall (Feuer kann Metall schmelzen und verformen). Feuerenergie ist aktiv.

**Erde:** Wird vom Feuer genährt (Feuer erzeugt Asche) und hat Kontrolle über das Wasser (Dämme begrenzen Wasser). Die Erdenergie ist absteigend und sammelnd.

**Metall:** Wird von der Erde genährt (in der Erde entstehen die Metalle und werden aus ihr geborgen) und kontrolliert das Holz (die Axt spaltet Holz). Metallenergie ist zusammenziehend, verdichtend und nach innen gehend.

**Wasser:** Wird vom Metall genährt (in einem Metallgefäß erzeugt eine kalte Füllung Kondensflüssigkeit an der Außenseite; verflüssigtes Metall fließt wie Wasser) und hat Kontrolle über das Feuer (Wasser löscht Feuer). Wasserenergie ist fließend.

Beziehung haben. Auch innerhalb dieses Rades muss Gleichgewicht herrschen. Es tritt ein, wenn ein Element das übernächste des Schöpferischen Zyklus ausreichend kontrolliert, und wenn es selbst wiederum vom vorletzten Element genügend kontrolliert wird.

## Wie ist das Chi verteilt?

Alles im Universum ist Energie und lässt sich daher über die Fünf Wandlungen beschreiben. So erhalten wir Auskunft über das Chi einer Landschaft, eines Gebäudes oder eines Menschen. Jede Gebäude- oder Landschaftsform, jedes Kör-

**INFO**

### MERKMALE DER FÜNF WANDLUNGSPHASEN

|  | Holz | Feuer |
|---|---|---|
| Energierichtung |  |  |
| Gebäudeform | hoch, aufstrebend, zylindrisch | spitz und scharfkantig, dreieckig |
| Form |  |  |
| Farbe | Grün | Rot |
| Kleidung | Designerkleid, Hüte, längsgestreift | dramatisch, auffällig |
| Emotion | Güte und Ärger | Freude und Hass |
| Themen in Beziehungen | Flexibilität, Aufnahmefähigkeit | Auftreten, Ausdrucksfähigkeit |
| Richtung im Raum | Osten | Süden |
| Pflanzenformen | hochstrebend | Blüten |
| Planeten | Jupiter | Mars |

## Die Fünf Wandlungsphasen

perorgan, jede Krankheit, jedes Nahrungsmittel, jede Jahreszeit oder Tageszeit, ja sogar die unterschiedlichen Lieblingsfarben können Auskunft über ein dominantes oder unterrepräsentiertes Element geben. Und selbst aus dem Verhalten und dem Charakter eines Menschen lässt sich ableiten, ob das eine oder andere Wandlungselement eher schwach oder stark ausgeprägt ist.

Aus dieser Beobachtung lassen sich gezielte Maßnahmen zum Harmonisieren des Chi-Flusses ableiten. Die unten stehende Tabelle zeigt die wichtigsten Merkmale der Fünf Wandlungen. Ideal ist, wenn Sie in Ihrer Persönlichkeit und Wesen, aber auch in Ihrem Wohnbereich von jedem Element etwas haben. In aller Regel ist jedoch eines der Elemente besonders betont.

### MERKMALE DER FÜNF WANDLUNGSPHASEN

| Erde | Metall | Wasser |
|---|---|---|
| flach | rund und kuppelig | wellig und unregelmäßig |
| Gelb | Weiß | Schwarz, Blau |
| lässig und gemütlich, tiefe Strukturen | Anzüge, formal | weit, dunkel, Sportbekleidung |
| Ruhe und Sorge | Mut und Gram | Milde und Furcht |
| Geben und Nehmen, Aufrichtigkeit | Reden und Zuhören, Gerechtigkeit | Wissen, Weisheit, Kontakte |
| Mitte | Westen | Norden |
| nach unten hängend | spitz und nadelig | wellig |
| Saturn | Venus | Merkur |

### Zuordnungen der Fünf Wandlungsphasen

Wie bereits gesagt, ist bei fast einem jeden Menschen der eine oder andere Bereich stärker ausgeprägt. Analysieren Sie, welches Element beziehungsweise welche Wandlungsphase das ist, und versuchen Sie dieses im Zusammenhang mit den anderen Elementen in ein Gleichgewicht zu bringen.

Folgendes Beipsiel hilft weiter: So könnte eine »Feuer-dominierte« Person daran zu erkennen sein, dass sie ein sehr dramatisches und vielleicht gar exzentrisches Auftreten an den Tag legt, launisch und kritisch sein kann und sich gerne in Rot kleidet. Um dieses Thema bei sich nicht noch weiter zu verstärken, sollte daher in der Wohnung soweit wie möglich auf der Feuer-Phase zugeordnete Formen (spitz, dreieckig) verzichtet werden und auch die Farbe Rot nicht zu häufig zum Einsatz kommen. Umgekehrt ließe sich ein Defizit an Feuer, welches sich beispielsweise in Mangel an Freude und Ausdrucksfähigkeit äußert, dadurch auflösen, dass mehr Rottöne oder andere dramatische Elemente in die Wohnung oder die Kleidung integriert werden. Da dem Feuer die Himmelsrichtung Süden zugeordnet ist, sollte unbedingt auch im südlichen Teil der Wohnung nach dem Rechten gesehen werden. Zu viele dunkle oder wässrige Elemente würden dort die Feuerenergie löschen: Hingegen sorgt ein kleiner Anteil an Wasser, vor allem mit Pflanzen oder Grün kombiniert (Element Holz) für eine Unterstützung des Elements Feuer: das Wasser nährt Holz und dieses erzeugt wiederum Feuer.

An Astrologie Interessierte finden in der auf Seite 36/37 stehenden Tabelle außerdem die den Elementen zugeordneten Planeten, denn auch aus dem Horoskop können gewisse Schwächen und Stärken deutlich ersehen werden.

---

**INFO**

### WAS DOMINIERT – TESTEN SIE SELBST

Welche Farben und Formen dominieren innerhalb und außerhalb Ihrer Wohnung? Welche Emotionen und Beziehungsthemen sind bei Ihnen eher schwach oder besonders stark ausgeprägt?

Die Analyse zeigt, welches Element in Ihrer Wohnung zu stärken oder abzuschwächen ist. Wenn Sie sich unsicher sind, welche Elemente bei Ihnen vorherrschen, so fragen Sie am besten Ihre Freunde, wie diese Sie erleben, wie sie Ihr Heim empfinden und wie sie es beschreiben würden. Durch eine solche Schilderung können Sie leicht erkennen, welche Elemente Stärkung oder Milderung brauchen.

› Die Erdphase steht für einen harmonischen Ausgleich von Geben und Nehmen.

› Das Element Holz steht für Flexibilität und Aufnahmefähigkeit.

## Ausgleich der Fünf Elemente

Der Schöpferische und der Kontrollierende Zyklus (siehe Seite 34f.) zeigen Ihnen, wie Sie grobe Einseitigkeiten innerhalb Ihrer Wohnung vermeiden und Ausgleich in Ihr Leben bringen können:

Elemente stärken: Ein zu geringes Feuerpotenzial beispielsweise wird durch Holzenergie genährt, ein Erddefizit lässt sich durch Feuer ausgleichen – entsprechend dem Schöpferischen Zyklus.

Elemente schwächen: Ein Übermaß kann durch das Kontroll-Element (siehe Kontrollierender Zyklus) ausgeglichen werden. Feuer wird beispielsweise von Wasser kontrolliert, Holz von Metall. Um ein dominantes Element zu schwächen, kann man auch die Energie des starken Elements zum nächsten in der schöpferischen Reihe weiterleiten. Ein Zuviel an Feuer kann somit durch Erde (wird von Feuer erzeugt) erschöpft werden.

Beispiel: Sollten Ihre Räume und Möbel fast nur in Weiß und Silber erstrahlen, so hat Ihre Wohnung möglicherweise einen ausgeprägten Metallüberschuss. Reduzieren Sie die Metallenergie, indem Sie metallene Gegenstände sowie runde oder bauchige Formen entfernen, und sorgen Sie statt dessen für mehr »Wasserenergie«, entweder durch einen Zimmerbrunnen oder ein Aquarium, kleine Farbakzente in Dunkelblau und Schwarz, oder integrieren Sie wellige Muster und Formen. Dadurch kann sich die übermäßig vorhandene Metallenergie sinnvoll zum Element Wasser ableiten.

## Wichtig – der Intuition folgen

Ein sehr wichtiger Aspekt des Feng Shui ist, der eigenen inneren Stimme, der Intuition zu vertrauen. Das, was wir im »kleinen Finger haben« oder was uns »unser Bauch sagt«. Das Gefühl für die Dinge, darf niemals zugunsten irgend-

### INFO

**DO SIMPLE THINGS WELL...**

Dieser englische Spruch erinnert an die Magie der kleinen Dinge. Allzuoft denken wir bei Problemlösungen viel zu kompliziert und übersehen darüber das Naheliegende, Einfache. Setzen Sie sich mal für einige Stunden in den Stuhl Ihres Angestellten – schnell werden Sie merken, was er wirklich benötigt. Fragen Sie Gäste, was ihnen als erstes auffiel, als sie Ihre Wohnung betraten. Sie werden Hinweise auf ganz alltägliche Dinge bekommen, die Ihnen selbst schon längst nicht mehr auffallen.
Lassen Sie defekte Geräte und Armaturen sofort reparieren, da alles Nichtfunktionierende Ursache für blockierten Chi-Fluss ist. Selbst an quietschende oder klemmende Türen gewöhnt man sich leider irgendwann, was der Stagnation Vorschub leistet.
Fragen Sie sich grundsätzlich bei allem, was Sie tun, ob es nicht eine einfachere, aber ebenso effiziente Lösung gäbe. Anstatt beispielsweise den niedrigen Energiepegel in Ihrem Wohnzimmer zu beklagen und große Veränderungen zu planen, sollten Sie die durchgebrannte Glühbirne durch eine neue ersetzen oder eventuell überhaupt eine neue Lichtquelle vorsehen.

## Wichtig – der Intuition folgen

welcher Dogmen geopfert werden. Es hat sich nämlich herausgestellt, dass eine gezielte Veränderung und Verbesserung eines Umfelds nur dann positive Auswirkungen hat, wenn auch auf die innere Stimme geachtet wurde. Gleichzeitig sollte immer das eigene Empfinden für Ästhetik und Schönheit berücksichtigt werden, da Sie andernfalls unter nicht stimmigen Veränderungen leiden würden – der Sinn jeder Feng-Shui-Umgestaltung wäre dadurch sofort wieder in Frage gestellt.

Was Sie selbst als schön und wohltuend empfinden, ist maßgebend, nicht was »in« ist oder im Feng-Shui-Laden verkauft wird.

Kinder sind übrigens sehr gute Wegweiser, denn sie reagieren direkt und ungeschminkt auf nichtstimmige Situationen. Wenn Haustiere ein seltsames Verhalten an den Tag legen oder außergewöhnlich oft krank werden, können sie damit unmittelbar zu erkennen geben, dass das Leben einer wichtigen Bezugsperson beziehungsweise die Energie einer Wohnung nicht im Gleichgewicht ist. Manchmal sind es die ganz unscheinbaren »banalen« Alltagsereignisse, die andeuten, wie Sie gewisse Dinge entscheiden sollten. Wichtig bei allem, was mit Feng Shui zu tun hat, ist, dass Sie sich freimachen von Dogmen und Falsch-Richtig-Bewertungen. Bei ehrlicher Betrachtungsweise erkennt man oft nur allzu schnell, dass es nichts gibt, was einseitig nur gut oder einseitig nur schlecht sein kann. Alles ist vielschichtig und kann je nach Umfeld unterschiedlich bewertet werden (Yin und Yang, siehe Seite 30f.).

> Das Element Wasser steht für Wissen, Weisheit und Kontakte.

# Die neun Lebensfelder im Bagua

Ein äußerst hilfreiches System zur Analyse Ihrer Wohnung, Ihres Hauses oder Arbeitsplatzes ist das so genannte »Bagua« mit seinen acht äußeren Abschnitten und dem inneren Energiefeld Tai Chi. Wörtlich übersetzt bedeutet Bagua ›Acht Trigramme‹: In gewisser Weise kann Ihr Zuhause als das Modell eines lebendigen Körpers und seiner Funktionen verstanden werden. Sie versinnbilldlichen die Energiebausteine des Universums, aus denen alles Leben aufgebaut ist. Das bedeutet, man sollte die einzelnen Begrifflichkeiten immer in Bezug zueinander und zu dem im Zentrum liegenden Tai Chi sehen. Die Bereiche im einzelnen sind: Reichtum, Ruhm (Anerkennung), Partnerschaft, Kinder/ Kreativität, hilfreiche Freunde, Karriere, Wissen, Familie und im Zentrum, wie schon erwähnt, das Tai Chi, die Gesundheit.

Das Bagua ordnet jedem Bereich einer Wohnung eine dieser Bedeutungen und ihrer Wirkungsweisen zu – so, wie jedes Körperteil eine bestimmte Aufgabe für den gesamten Organismus hat. Diese Bereiche finden sich in einer abgeschlossenen Wohnung ebenso wie auf jeder Etage eines Einfamilienhauses, in jedem einzelnen Zimmer, ja sogar auf dem Schreibtisch oder im Garten.

In Untersuchungen wurde festgestellt, dass in Gebäuden mit unregelmäßigen oder stark unsymmetrischen Grundrissen sowohl das psychische Wohlbefinden der Bewohner, als auch deren Gesundheit stark aus dem Gleichgewicht geraten kann. Daher empfehlen Feng-Shui-Praktiker, ein Haus so symmetrisch und ausgewogen wie möglich zu bauen, um sicherzustellen, dass alle Teile des Bagua auch vorhanden sind.

Auch die jeweilige Belegung ist von Bedeutung: Jeder Abschnitt des Bagua symbolisiert einen Bereich Ihres Lebens. Der Zustand eines Zimmers oder einer Zimmerecke spiegelt die aktuelle Situation in Ihrer Karriere, Ihrer Partnerschaft oder Ihren Finanzen wider. Durch gezielte Maßnahmen (siehe ab Seite 46ff.) können Sie spürbaren Einfluss darauf nehmen.

Sollte zum Beispiel in Ihrer »Partnerecke« die Schmutzwäsche stehen, ein Vogelkäfig mit einem einzelnen Wellensittich hängen oder eine vom letzten Maskenball übrig gebliebene Handschelle dort gelandet sein, dann ist dies sehr aussagekräftig. Denn jeder Gegenstand birgt eine spezielle Symbolik – je nach Umfeld und Zusammenhang. Demnach könnte der einzelne Vogel im Beispiel für Einsamkeit und Partnerlosigkeit stehen, während der gleiche Vogelkäfig in der »Wissenszone« anzeigen würde, dass Sie sich gerne in Ihren »inneren Raum« zurückziehen, vielleicht sogar meditieren wollen. Es muss also immer der Gesamtzusammenhang gesehen werden.

## Das Bagua ist kein Orakel

Die Interpretation des Baguas muss in jedem Fall mit Vorsicht und Gefühl durchgeführt werden, denn auch Abweichungen von einem Erklärungsraster sind möglich. So kann es durchaus vorkommen, dass beispielsweise ein Paar in einer harmonischen Beziehung lebt, obwohl sich die Partnerzone nach Feng-Shui-Kriterien eher katastrophal darstellt. Man muss sich immer bewusst sein, dass wir selbst Einfluss und somit Herrschaft über unser Chi haben! Die folgenden Ausführungen sollten daher, wie alles im Leben mit der Brille der Klarheit und Zurückhaltung gelesen werden – keine der beschriebenen Wohnsituationen führt zwangsläufig zu einem bestimmten Lebensschicksal!

## DIE NEUN LEBENSFELDER IM BAGUA

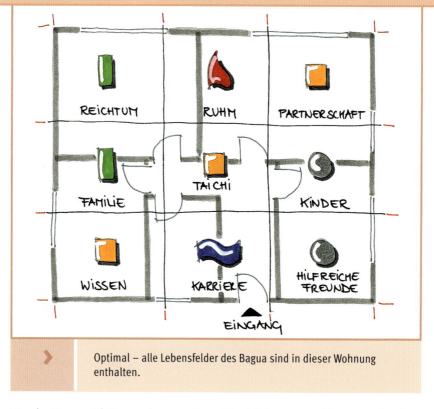

> Optimal – alle Lebensfelder des Bagua sind in dieser Wohnung enthalten.

Um das Bagua richtig anzulegen, müssen Sie sich immer am Eingang orientieren. Dieser ist der »Mund des Chi« und prägt die weitere Energieverteilung in der Wohnung. Bei einem Einfamilienhaus orientieren Sie sich an der Haustür, ansonsten richten Sie sich nach der Wohnungstür, da dort die Schwelle zum privaten Lebensraum ist. Wohnen Sie über zwei oder mehr Etagen, gilt jeweils die letzte Treppenstufe mit der Sie die Etage erreichen als Eingang. Bei Zimmern mit mehreren Türen ist es die am meisten genutzte Tür.
Das Bagua-Transparent zum Heraustrennen (siehe Seite 128) hilft bei der Bestimmung der Felder.

## Fehlbereich oder Zusatz?

Wohnungsgrundrisse mit unregelmäßigen Formen – L-Form, Erker oder andere vorstehende Gebäudeteile – haben »Fehlbereiche« oder »hilfreiche Erweiterungen« im Bagua. Dabei zählen allerdings nur die bewohnten Teile, keine angebauten Garagen oder Schuppen.

## Fehlbereich oder Zusatz?

Ob es sich um einen Fehlbereich oder eine Erweiterung handelt, zeigt das Größenverhältnis zum Hauptteil:
> Ist der vorragende Abschnitt mindestens halb so groß wie der Hauptteil (in der Länge oder Breite), so wird er ins Bagua miteinbezogen – dadurch fehlt mindestens ein Bereich (siehe Abbildung unten), und es entsteht dort ein Defizit.
> Erreicht der vorstehende Teil keine 50 Prozent des Hauptteils, so liegt er außerhalb des Bagua und verstärkt die Zone, aus der er hervorragt als »hilfreiche Erweiterung«.

Ein Fehlbereich muss mit geeigneten Maßnahmen (siehe Seite 71ff. oder 92f.) ausgeglichen werden, da er sich andernfalls als Defizit in dem einen oder anderen Lebensaspekt der Bewohner manifestieren wird. Erweiterte und somit gestärkte Zonen brauchen üblicherweise nicht behandelt zu werden.

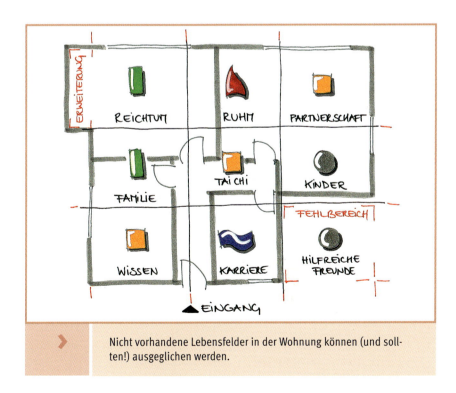

> Nicht vorhandene Lebensfelder in der Wohnung können (und sollten!) ausgeglichen werden.

## Die neun Zonen des Bagua

Auf den folgenden Seiten finden Sie konkrete Beschreibungen der verschiedenen Bedeutungsebenen der acht Zonen des Bagua, einschließlich des Zentrums als neuntes Feld.

### »Karriere«

Die Zone der Karriere befindet sich in der Mitte der Grundlinie des Bagua. Immer, wenn Sie sich mit Fragen Ihres weiteren Tuns und Ihres Lebensweges beschäftigen, sind Sie mit dieser Zone verbunden. Sie symbolisiert den Fluss Ihres Lebens, und inwiefern Sie bereits das tun, was Ihre wahre Lebensaufgabe ist. Eine wichtige Ebene, in der sich dies offenbart, ist der Beruf: Entspricht Ihre Tätigkeit auch dem, wozu Sie sich aus tiefster innerer Überzeugung »berufen« fühlen? Wichtig ist, ob Sie das, was Sie tun, gerne und aus Überzeugung; und ebenso wichtig ist, ob Sie dafür auch das Maß an Anerkennung erhalten oder den Erfolg haben, den Sie benötigen.

Da das Leben jedoch aus mehr als nur Arbeit besteht, repräsentiert »Karriere« im übertragenen Sinne Ihren gesamten Lebensweg, den Sie eingeschlagen haben. Halten Sie also gelegentlich inne, und fragen Sie sich, ob Sie sich und Ihrer inneren Stimme überhaupt noch treu sind. Wenn Sie bemerken, dass Sie wiederholt eigentlich Dinge tun oder Umstände akzeptieren, die Sie vom persönlichen Weg abbringen, ist eine Gegensteuerung dringlich angeraten.

Da diese Zone mit dem Element Wasser in Verbindung steht, sollte dieser Wohnbereich auch fließend und beweglich gestaltet sein, das heißt, er sollte nicht durch zu viele Möbel oder, sollte er im Eingangsbereich liegen, eine vollgehängte Gardarobe blockiert sein, so dass Sie sich hindernisfrei darin bewegen können.

> Sollte Ihr Haus- oder Wohnungseingang im Abschnitt »Karriere« liegen, so deutet dies auf die besondere Bedeutung dieses Kapitels für Sie und Ihre Familie hin. Eine Treppe in diesem Bereich kann anstrengendes und unbeständiges Auf und Ab symbolisieren und sollte daher durch gute Beleuchtung sowie erbauliche Bilder harmonisiert werden. Grundsätzlich sollte der Bereich Karriere so gestaltet sein, dass er die für Ihren Lebensweg nötige Klarheit unterstützt: hell und freundlich, einladend und weit.

# Die neun Zonen des Bagua

### »Partnerschaft«

Die Ecke der Partnerschaft finden Sie ganz rechts oben oder hinten in Ihrer Wohnung. Diese symbolisiert Ihre Beziehungen als erwachsener Mensch zu anderen Menschen. Am unmittelbarsten erleben Sie dies in einer festen Partnerschaft. Aber auch kurze Liebschaften sind davon geprägt, sowie Ihre Beziehungen zu guten Freunden, Arbeitskollegen oder Nachbarn. Dieser hoch sensible Wohnbereich ist dem Element Erde zugeordnet. Bringen Sie also auch »Bodenhaftung« in diese Räumlichkeiten hinein, die ein harmonisches Miteinander ermöglichen.

> Gestalten Sie diesen Bereich partnerschaftsförderlich: Befreien Sie ihn von Möbeln oder Accessoires, die belastend auf Ihre Partnerschaft (und zukünftige Beziehungen) wirken könnten, und verzichten Sie auf Gegenstände oder Bilder mit trennender Symbolik. Passend sind hier Motive der Gemeinsamkeit sowie paarweise angeordnete Hilfsmittel, beispielsweise zwei frische Rosen, das Photo eines verliebten Pärchens oder Partnerdelphine.

### »Familie«

Links in der Mitte liegt das Revier Ihrer Familie: Gemeint sind damit Eltern, Großeltern und Ahnen und Ihre Beziehung zu ihnen. Hier spiegelt sich aber auch das Verhältnis zu Lehrern und – im späteren Leben – zu Vorgesetzten. Sollte der Kontakt zu Ihren Eltern oder anderen Familienmitgliedern der Vorgeneration eher gespannt sein, oder wenn Sie ein konfliktbeladenes Verhältnis zu Ihrem Chef haben, sind Maßnahmen in dieser Zone erforderlich. Ihr Konflikt zeigt sich dort üblicherweise als Chaos oder zumindest als Unordnung oder als schlecht beleuchteter Raum. Da diese Zone Ihre familiären Wurzeln, also Ihre Vergangenheit widerspiegelt, liegt hier sehr viel Potenzial verborgen. Bedenken Sie immer, dass sich die Zukunft nur auf dem Fundament der Vergangenheit entwickelt. Ihr Ziel sollte es daher sein, hier das Chi wieder ins Fließen zu bringen.

> Familienbilder und Fotos der Ahnen sind in diesem Bereich gut aufgehoben und hilfreich, allerdings nur, wenn sie angenehme Erinnerungen wecken. Ansonsten kann dieser Bereich auch gut mit Pflanzen und anderen Gegenständen, die Leben und Wachstum darstellen, aktiviert werden. Da diese Zone mit dem Element Holz (also wachsend) verbunden ist, sind hier auch Gegenstände, die diese aufstrebende Dynamik in sich bergen, angebracht.

## DIE NEUN LEBENSFELDER IM BAGUA

**»Reichtum«**

Wenn Sie gerne mehr Fülle und segensreiche Erlebnisse in Ihr Leben bringen möchten, dann ist die linke, hintere Ecke der Wohnung oder des Büros der richtige Ort dafür. Dieser Bereich steht neben finanziellem Wohlstand auch für die Gabe ein gesundes Selbstwertgefühl zu haben oder zu entwickeln. Außerdem repräsentiert diese Zone die »bereichernden« und beglückenden Ereignisse und Erfahrungen, die uns im Leben meist viel weiter bringen als der heiß ersehnte Lottogewinn.

▶ In diese Ecke werden gerne Symbole des »Edlen und Außergewöhnlichen« platziert, also Dinge, die Sie ständig an Ihre innere und äußere Fülle erinnern. Da auch Wasser mit Wohlstand assoziiert wird, kann mit Hilfe eines Zimmerbrunnens, Aquariums oder dem Bild eines Wasserfalls eine starke Aufladung dieses Bereiches erzeugt werden. Eine schöne, aber leere Schale aus geschliffenem Kristallglas oder ein anderes edles offenes Gefäß ist vor allem für die linke hintere Ecke des Schreibtisches geeignet, um die von jetzt an einströmende Fülle zu sammeln. Selbst wenn dies nur ein Symbol ist, so wird es Sie laufend daran erinnern, in Zukunft bewusster und vielleicht auch dankbarer mit Ihren Ressourcen umzugehen. Als Symbol steht dafür Holz, das langsam wächst, aber dann ein Wert an sich ist.

**»Zentrum« (Tai Chi)**

Die Mitte des Hauses oder der Wohnung ist gleichbedeutend mit der Mitte des menschlichen Körpers und steht damit auch für die Gesundheit. Diese Zone um den Solarplexus wird in Asien auch Hara oder Dantien genannt. Hier befindet sich das Zentrum unserer Lebenskraft – aus diesem schöpfen wir unentwegt Kraft für unseren Alltag. Daher sollte die Körpermitte so frei und unbelastet wie möglich bleiben, zum Beispiel der Magen nicht durch ein Übermaß an Nahrung blockiert werden. Auch dieser Bereich ist dem Element Erde zugeordnet und symbolisiert in diesem Fall die Kraftquelle, aus der die Wurzeln des Lebens ihre Nahrung beziehen.

▶ Im Zentrum Ihrer Wohnung sollten sich keine Mauern, Kamine oder schweren Möbel befinden, da dies Ihr Leben unnötig erschweren könnte. Das Chi sollte dort frei und ungehindert zirkulieren können. Wenn jedoch in der

## Die neun Zonen des Bagua

Mitte Ihrer Wohnung eine Treppe ist, werden Sie möglicherweise ein sehr dynamisches, vielleicht sogar unruhiges Leben führen, gewissermaßen mit einem ständigen Auf und Ab. Ein solches geschwächtes oder instabiles Zentrum kann durch Ersatzmittelpunkte gestärkt werden. Dazu stellen Sie in zwei Räumen Ihrer Wohnung die jeweils exakten Mittelpunkte fest und aktivieren diese mit Hilfsmitteln wie Regenbogenkristallen, stehenden Bergkristallspitzen (falls Platz) oder DNS-Spiralen (siehe Seite 78).

### »Hilfreiche Freunde«

»Wie man in den Wald hineinruft, so schallt es heraus.« Wenn wir für andere Gutes tun, wird automatisch das universelle Gesetz des Ausgleichs in Aktion treten. An der Grundlinie rechts, meist nahe beim Eingang, findet sich in Ihrer Wohnung diese Zone der »Hilfreichen Freunde«, also der Energie von Unterstützung, Hilfe und Schutz. Glückliche Fügungen, »zufällige Begegnungen« oder der sprichwörtliche Schutzengel, der uns wieder einmal vor Schaden bewahrt hat, sind hiermit gemeint. Die Zone ist dem Element Metall zugeordnet und steht in der unterstützenden Diagonalen zu Reichtum – das Geheimnis zu nachhaltigem Glück.

> Am besten aktivieren Sie diesen Bereich, indem Sie selbst lernen, loszulassen. Ein altes Erfahrungsgesetz besagt: Je mehr man gibt, um so mehr wird einem gegeben werden. Damit sind nicht allein materielle Dinge gemeint, sondern in erster Linie Freundlichkeit, Fürsorglichkeit oder Liebe. Zur Unterstützung dieser Zone können alle aktivierenden Lösungen verwendet werden, vor allem Hilfsmittel wie Mineralien, Halbedelsteine oder Kristallobjekte (siehe Seite 78f.).

Das Element Metall steht für die Balance von Reden und Zuhören.

## DIE NEUN LEBENSFELDER IM BAGUA

### »Kinder«

Kinder bringen viel Dynamik und Lebendigkeit in eine Familie. Im übertragenen Sinne könnte man diese Impulse auch als sehr kreativ bewerten. Daher symbolisiert die Zone »Kinder« neben Tochter und Sohn auch unsere geistigen Kinder, also die kreativen Projekte, Ideen und Inspirationen, in denen wir uns auch selbst verwirklichen.

Selbst die Kinder eines Unternehmens, beispielsweise deren Filialen, sind hiermit gemeint. Da dieser Bereich – rechts der Mitte – sehr aktiv ist, halten sich Kinder gerne dort zum Spielen auf. Umgekehrt wird es einem Erwachsenen in diesem Wohnungsbereich jedoch sehr schwer fallen, zu Ruhe oder Entspannung zu kommen oder gar dort zu meditieren. Im Gegenteil: Sollte in diesem Bereich Ihr Schlafzimmer liegen, dürfen Sie sich nicht wundern, wenn sich bereits frühmorgens die Kinder quietschvergnügt mit Bergen von Spielzeug in Ihrem Bett wiederfinden. Dieser Bereich wird symbolisiert durch Metall, aber nicht als hartes unnachgiebiges Element, sondern als glänzende, spiegelnde Fläche, zum Beispiel wie die eines Sees, die für Inspiration sorgt; es gilt als dynamische Entsprechung des gegenüberliegenden Bereichs Familie, symbolisiert durch wachsendes Holz.

> Besonders förderlich zum Aktivieren dieser Zone sind Bilder und Gegenstände, die an Lebensgenuss und an die schönen Dinge des Lebens erinnern. Bilder der Natur können genauso inspirierend und beflügelnd wirken, wie Kunstwerke, harmonische Musik oder blühende Blumen.

### »Wissen«

Die Wissenszone liegt an der Grundlinie links. Sie sagt weniger über fachliches Know How aus, als vielmehr über tiefe innere Erkenntnisse, über die Gabe der Intuition und den Zugang zu »höherem Wissen«. Dennoch darf in dieser Zone die »materielle« Bibliothek platziert sein. Bei der Raumgestaltung sollte insbesondere großer Wert auf Ruhe und Beständigkeit gelegt werden. Vor allem aus der Stille dringen die tief im Verborgenen schlummernden Informationen sanft an die Oberfläche des Bewusstseins. Wenn Sie regelmäßig Zeit für Muße und Beschaulichkeit aufbringen, können Sie Ihre inneren Strukturen wesentlich leichter erkennen als im Trubel des Alltags. Eine ausgewogene Wissenszone unterstützt beim Ablegen schlechter Gewohnheiten und hilft beim Wechsel des Lebensstils zum Positiven hin. Außerdem kann sie Heirat und Erbschaft positiv unterstützen.

## Die neun Zonen des Bagua

> Wenn Sie Ihre Lernfähigkeit verbessern wollen, Ihre Intuition ausbauen oder Ihr Leben nun mehr auf die geistige Welt ausrichten möchten, sollten Sie diesen Bereich auffrischen. Dazu eignen sich einzeln platzierte Gegenstände, aber auch leere Gefäße wie Gläser und Schachteln oder aber das Bild eines Bergs sind ausgezeichnete Requisiten für die Wissenszone.

»Ruhm«

Ihr Ansehen und wie sehr Sie von anderen Menschen geachtet werden, spiegelt sich in der Zone des »Ruhms« wider – hinten oder oben in der Mitte Ihres Baguas. Hier geht es primär um den Prozess der inneren Reife, denn äußerlicher Glanz hat nur dann Bestand, wenn parallel dazu eine Weiterentwicklung auf der menschlichen Ebene stattfindet. Ein Mensch, der zu Wissen und Weisheit gelangt ist, besitzt auch eine starke Ausstrahlung, sie haben eine Art inneres Leuchten. Solche Persönlichkeiten haben gelernt, auch das Alltägliche als erfüllend und inspirierend zu erleben. Wer in einer Wohnung mit unregelmäßigem Grundriss lebt, dem deshalb die Ruhmzone fehlt (siehe Seite 92), neigt möglicherweise zu Imageproblemen oder Mangel an Optimismus.

Feuer ist das entsprechende Element, das hier gleich für mehrere Komponenten steht. Licht, Wärme aber auch Aktivität und eine gewisse Form des »Brennens«, der Begeisterungsfähigkeit.

> Besonders wirksam zur Stärkung eines solchen Raumbereichs ist eine Lichtquelle, aber auch solche Gegenstände, deren Symbolik Klarheit, Leuchtkraft und Inspiration ausstrahlen. Auch Meisterwerke großer Künstler als Dekoration sowie ein dosierter Einsatz der Farbe Rot sind gute Lösungen.

> Das Element Feuer beeinflusst Auftreten und Ausdrucksfähigkeit.

## IHRE FRAGEN

Folgende Fragen werden in Seminaren selten direkt gestellt, dafür umso häufiger angedeutet und dann heftig diskutiert.

> **Wie sieht das Zusammenspiel von Mann und Frau im Hinblick auf Yin und Yang konkret aus?**

Mann und Frau ziehen einander an, ergänzen und benötigen sich. Nach chinesischer Tradition beruht unser Universum auf diesen gegensätzlichen, sich aber ergänzenden Prinzipien, Yin und Yang. Nicht nur in der Natur finden sich diese Pole. Besonders intensiv erleben wir Menschen das Zusammenspiel von Yin und Yang in Partnerschaften. Auch in der Wohnung sollten Yin und Yang ausgewogen sein. Dabei darf in den Ruhe- und Regenerationszonen, im Schlafzimmer beispielsweise, die beruhigendere Yin-Qualität überwiegen (Yin = ruhig, passiv, empfangend) – durch Einrichtung, Farben, Licht und Materialien. Typische Aktivzonen wie das Wohnzimmer oder der Arbeitsraum benötigen hingegen mehr Energien des Yang (aktiv, stimulierend, bewegt).

> **Wie kann ich meine Partnerschaft über die Wohnungseinrichtung stärken?**

Die wichtigste Regel, wenn Sie anfangen, Ihre Wohnung mit frischer Partnerenergie aufzuladen ist: Mit allem, was Sie tun, sollen Sie sich wohlfühlen! Nur dann können die Maßnahmen wirken. Für Ihre Partnerschaft ist speziell die Gestaltung des Schlafzimmers wichtig. Doch wie können Sie das Beste für Ihre bestehende (oder zukünftige?) Beziehung herausholen? Wie sollte Ihr Liebesnest idealerweise aussehen? Sonnenklar: Alles was Ihren Lebensraum harmonischer macht, bläst neue Energien wie Frühlingswind durch die Beziehung.

> **Wie kann ich meine Räumlichkeiten sinnlicher gestalten?**

Bilder, aber auch alle anderen Einrichtungsgegenstände sollten Ihren intimen Bedürfnissen (und denen Ihres Partners) entgegenkommen. Für eine stimmungsvolle Atmosphäre wählen Sie am besten weiche Textilien, die die Haut mitverwöhnen. Schaffen Sie eine dezente Beleuchtung. Legen Sie Kerzen und Streichhölzer bereit, und sorgen Sie mit einem Dimmer für weiches Licht. Auch Duftöle und Musik sorgen für Stimmung und helfen Ihnen, sich zu entspannen und das Zusammensein zu genießen.
Achten Sie auf ein bequemes Bett, in dem Sie sich (beide) so richtig wohl fühlen. Haben Sie genügend Platz? Wie ist die Matratze beschaffen? Ist sie zu weich oder zu hart? Sorgen Sie für Abhilfe, wenn etwas stört. Alles was stört,

tötet die Sinnlichkeit. Die berühmte »Besucherritze« wirkt trennend und sollte überbrückt werden.

Schlafen Sie im Bett der Vorgängerin oder des Vorgängers? Wenn Sie in die Wohnung Ihres Partners ziehen, der dort eine Trennung erlebte, sollten Sie bedenken: Aus energetischer Sicht ist die Trennungs-Vorgeschichte in den Wänden und Möbeln unsichtbar gespeichert. Hier ist eine energetische Reinigung sehr wichtig (siehe Seite 66f.).

### Wie sollte die Ruhezone sein?

Das Schlafzimmer ist der wichtigste Raum für Regeneration und Erholung; schließlich verbringen Sie viele Stunden Ihres Lebens im Bett – und ohne ausreichend guten Schlaf würden Sie depressiv und krank werden. Was jedoch meist vergessen wird: wie wichtig dieser intimste aller Räume für eine funktionierende Partnerschaft ist. Beachten Sie daher die folgenden Gedanken bei Einrichtung und Gestaltung Ihres Schlaf- und Liebeszimmers.

› Alles, was Unruhe und Aktivität symbolisiert oder was bedrückend wirkt, ist tabu in Schlafzimmern.

› Bücherschränke oder Computer, Buchhaltungsordner, Fernseher und alle der »Tagesaktivität« zurechenbaren Gegenstände lenken Menschen, die schwer entspannen können, vom Tiefschlaf ab.

› Bedrückende Bücherboards oder Schranküberbauten am Kopfende, auch ein wuchtiger Kronleuchter über dem Bett können Alpträume oder gar Schlaflosigkeit hervorrufen.

› Wie Sie sich betten, so liegen Sie. Was ist unter Ihrem Bett? Wenn Sie eine Bettzeuglade haben, sollten darin ausschließlich Gegenstände des Schlafgebrauches sein. Also grundsätzlich: Raus mit belastenden Gegenständen, die nichts mit Schlaf und Erholung zutun haben!

### Wie bringe ich frischen Wind bzw. frisches Chi in meine Partnerecke?

Die Partnerecke spiegelt auch Ihre unbewussten Lebenserfahrungen und Ihre Erwartungen und Ängste in Bezug auf Partnerschaft wider. Daher sollten Sie gezielt die Partnerschaftszonen in allen wichtigen Räumen unter die Lupe nehmen. Ist die jeweilige Ecke gut beleuchtet, oder sieht es um Ihre Beziehung »eher finster« aus? Findet sich dort die Schmutzwäsche? Verkümmert dort eine vergessene Zimmerpflanze? Gibt es hier Symbole der Einsamkeit? Oder von Konflikten?

## IHRE FRAGEN

> Habe ich überhaupt Platz für einen Partner?

Menschen mit vollgeräumten Partnerschaftsecken erleben häufig nur flüchtige Beziehungen. Sie signalisieren – äußerst erfolgreich – sich selbst und ihrer Umwelt, das gar kein freier Platz an ihrer Seite ist, jeder Freiraum bereits ausgefüllt. Vor allem das Unterbewusstsein nimmt solche Signale ernst: Wer mehrmals täglich ein bestimmtes Bild zu Gesicht bekommt, dessen Inneres wird sich danach richten.

Entfernen Sie daher alle Gegenstände, die Ihnen aus Sicht einer harmonischen, kraftvollen Beziehung nicht mehr gefallen. Ersetzen Sie sie durch solche Motive, Gegenstände, Farben und Pflanzen, von denen Sie fühlen dass sie genau jene Qualität widerspiegeln, die Sie sich für Ihre Beziehung wünschen. Wichtig: je energiereicher und animierender Sie Ihre Partnerschaftsecke gestalten, umso erfolgversprechender. Jeder Gegenstand, der in Ihnen die Gefühle, Sinnlichkeit, Vertrauen oder Gemeinsamkeit auslöst, ist eine willkommene Bereicherung für diese Baguazone. Ergänzende »Universalaktivierer«: Rosen, Herzen, gemeinsame Fotos mit Ihrem Partner, paarweise Bildmotive, Kerzenleuchter, Partnerdelfine, stimmungsvolles Licht sowie feine Düfte. Von allen Partnerecken der Wohnung die wichtigste: im Schlafzimmer!

> Erfüllt mein Bett meine persönlichen Bedürfnisse?

Ob wir gut schlafen und erholt aufwachen, hängt zwar von vielen Faktoren ab, letztlich aber vor allem vom Bett selbst. Ein Drittel unseres Lebens verbringen wir darin, entsprechend bedeutsam ist die Wahl.

Das ideale Bett ist aus Holz und enthält keinerlei Metalle und Kunststoffe. Auch Lattenroste sind im Idealfall metall- und kunststofffrei. Sämtliche Oberflächen sollten möglichst naturbelassen bleiben, vor allem dürfen keine Schadstoffe von Klebern oder Lacken die Schlafenden belasten. Für Matratzen gilt: Je besser die Qualität, desto besser Ihr Schlaf. Entscheidend ist vor allem das Material: Federkernmatratzen verstärken Erdstrahlen und elektromagnetische Störfelder und sind daher ungeeignet. Auch Schaumstoffe oder andere Kunststoffmaterialien sind weder ökologisch noch gesundheitlich vertretbar. Am besten sind Naturmaterialien, wobei sowohl bei Baumwoll-, als auch Schafwollfüllungen Vorsicht geboten ist. Viele Rohprodukte, die für Matratzen verwendet werden, sind mit Spritzmitteln und Pestiziden behandelt. Suchen Sie deshalb einen Matratzenproduzenten, dem Sie bei der Auswahl der Materialien vertrauen. Eine Kombination von Schafwolle mit Kokos hat sich gut bewährt – vor allem in Hinblick auf Atmungsaktivität. Matratzenkerne aus Kokosfasern, die mit Kautschukmilch verpresst werden, bilden zudem keine Liegemulden. Latex kann auch als Naturprodukt betrachtet werden, obwohl er geringe Mengen chemischer Substanzen zum Aufschäumen benötigt. Noch am besten durchlüftbar ist Stiftlatex, dennoch bevorzugen viele Experten Kokos. Als äußere Matratzenschicht eignet sich auch Rosshaar.

### Wie man sich bettet...

Matratzen auf den Boden zu legen galt einige Zeit als sehr chic – nicht nur in Jugendzimmern. Auch Futons werden traditionellerweise entweder direkt am Boden oder auf einer meist sehr niedrigen Unterlage platziert.

Dies kann aus zwei Gründen zu Nachteilen führen: Zum einen sondert der Mensch im Schlaf pro Nacht gut und gerne ein bis zwei Liter Schweiß ab. Dieser sollte so schnell wie möglich wieder abtrocknen. Die dafür notwendige gute Luftzirkulation kann nur durch einen ausreichenden Freiraum zwischen Matratze und Boden gewährleistet sein. Zum anderen sind die energetischen Verhältnisse (anders als in der freien Natur) unmittelbar in Bodennähe eines Innenraumes besonders ungünstig für den Menschen. Denn die ersten 20 bis 25 Zentimeter über dem Boden tragen einen Überschuss energieabziehender positiv geladener Sauerstoffionen – das Gegenteil dessen, was wir für einen gesunden Schlaf benötigen. Erst ab einer Schlafhöhe über 25 Zentimeter befinden wir uns verlässlich in der aufladenden, energetisierenden Zone der Minus-Sauerstoffionen. Achten Sie daher beim Neukauf eines Bettes auf die richtige Schlafhöhe und genügend Raum zwischen Bett und Boden. Und missbrauchen Sie unter keinen Umständen den freien Platz unter dem Bett als Stauraum (siehe dazu Seite 53).

### Wie sieht das Kopfteil aus?

Generell sollte der Kopfteil des Bettes höher sein als der Fußteil. Harmonische und regelmäßige Formen des Hauptes sind aggressiven oder unvollständigen Formen vorzuziehen. Ungünstig bei einem Doppelbett sind trennende Kopfteile. Ideal ist es, wenn durch die Symmetrie der Form eine gewisse Harmonie gegeben ist. Einseitig, etwa von links nach rechts, abfallende Betthäupter erzeugen eine Spannung zwischen Yin und Yang. In solch einem Bett sollte der Mann auf der Seite mit dem höheren Teil schlafen. Im Allgemeinen wird die linke Bettseite als Yin-Seite (weiblich) betrachtet, rechts im Bett ist die männliche Yang-Seite.

# Das ideale Haus am richtigen Ort

Ein bequemer Stuhl hat eine stabile Rückenlehne, was idealen Schutz nach hinten bietet und optimale Entspannung ermöglicht. Seitliche Armstützen erhöhen den Komfort. Nehmen wir nun an, Sie könnten in diesem bequemen Stuhl Platz nehmen – worauf würden Sie sonst noch Wert legen?
»Er muss sicher stehen. Er darf nicht zu hart sein; außerdem muss er meiner Körpergröße entsprechen. Der Platz, wo er steht, sowie das Umfeld sollten sonnig, harmonisch und einladend sein. Am liebsten wäre mir, wenn der Blick von diesem Stuhl aus über einen See schweifen würde…«
Genau nach diesem »Lehnstuhlprinzip« werden in Asien seit Jahrtausenden Baugründe analysiert und Häuser gebaut, da dem Umfeld eine mindestens ebenso große Bedeutung beigemessen wird wie dem Inneren eines Hauses. Das ideale Haus liegt Richtung Sonne, ist nach vorne offen und blickt auf Wasser. Die schützende Rückenlehne wird von einem Berg oder Hügel gebildet.

Zwei links und rechts gelegene, entferntere Berge sorgen für den nötigen Seitenhalt. (»Vorne« muss nicht die Eingangsseite sein, sondern ist oft die Gartenseite mit großer Fensterfront; linke und rechte Seite ergeben sich, blickt man vom Hausinneren aus zur Vorderseite.) Die frühen Meister des Feng Shui gaben den verschiedenen landschaftlichen Elementen so bildhafte Namen wie Drache, Tiger, Schildkröte oder Phönix:

**Schildkröte:** Die »Rückenlehne« fürs Haus gibt Schutz wie der Panzer einer Schildkröte. Dies kann ein Berg, eine Baumreihe, ein Nachbarhaus, ein Zaun oder eine Hecke sein.

**Phönix:** Vor dem Haus sollte sich eine freie Fläche befinden, mit dem Phönix als Abschluss: ein kleiner Erdhügel, ein Strauch oder eine Figur am eigenen Grundstück oder der attraktive Blick in die Ferne. Eine Garage vor dem Haus aber blockiert den Chi-Fluss.

**Drache:** Er ist der mächtige Bewacher an der linken Hausseite. Idealerweise sollte er größer und dominanter sein als der Tiger. Er muss weit genug entfernt sein, um das Haus nicht zu beengen.

**Tiger:** Er liegt an der rechten Hausseite und ist sanfter und niedriger als der Drache. Jeder Berg, jeder Hügel, jeder Gegenstand kann Drache oder Tiger sein, es kommt lediglich auf die relative Wirkung in Bezug zum Haus an. In einer Stadt, wo weder Berge, Hügel noch Bäume dominieren, stellen sehr oft Hecken oder Sträucher oder auch die benachbarten Gebäude Drache und Tiger dar.

## Das optimale Grundstück

Ein Wohngebäude sollte niemals ungeschützt ganz oben auf dem Gipfel eines Hügels stehen, weil es durch die Winde einer zu unruhigen Energie ausgesetzt wäre. Das Leben in einem solchen Gebäude entwickelt sich eher instabil. Stünde das Haus hingegen ganz unten am Fuß eines Hügels oder Berges, so könnte der Druck von diesem, aber auch der fehlende Weitblick belastend wirken. Außerdem sind solche Plätze eher feucht, auch ist häufiger Nebel in solchen Lagen zu erwarten. Ideal ist in den meisten Fällen eine Position irgendwo dazwischen, also weder ganz oben noch ganz unten. Das ideale Grundstück bietet eine gute Aussicht, am besten mit Blick auf eine Wasserfläche, sowie je einen harmonisch wirkenden Drachen und Tiger an den Seiten, dem Phönix im Vordergrund und der Schutz bietenden Schildkröte im Rücken.

## DAS IDEALE HAUS AM RICHTIGEN ORT

**INFO**

### SCHAFFEN SIE IHREN ERSATZDRACHEN

Auf dem eigenen Grundstück können Sie mittels Bepflanzung oder anderer Gestaltungsmaßnahmen beispielsweise einen »Ersatzdrachen« schaffen. Wenn Sie in einer Wohnung ohne Grundstück leben, so kann an den jeweiligen Fensterfronten eine symbolische Maßnahme gesetzt werden. Eine schöne und gesunde Zimmerpflanze am Fenster kann den fehlenden Drachen symbolisieren, ein Regenbogenkristall (siehe Seite 78) an der Vorderseite den Phönix, ein Metallobjekt den Tiger und ein Stein die Schildkröte.

Wenn eine oder mehrere dieser Grundvoraussetzungen nicht gegeben sind oder aber als belastend wahrgenommen wird (wie zum Beispiel ein störender Industriebetrieb), dann muss Ersatz oder Abhilfe geschaffen werden.

Zusätzlich zur optimalen Lage des Grundstücks sollte aber auch dessen Form berücksichtigt werden. Ein ideales Grundstück weist eine geschlossene, harmonische Grundform auf, da hier die Lebensenergie Chi am besten fließt. Zu empfehlen sind daher rechteckige und quadratische Grundstücke, während asymmetrische, dreieckige oder L-förmige Bauplätze ein Ungleichgewicht verursachen können. Denn je geschlossener und strukturierter ein Körper ist (in diesem Falle das Grundstück), um so stabiler und fruchtbarer wird sich das Leben darauf entwickeln können.

### Der passende Baustil

Auch bei der Bauplanung muss mit Bedacht vorgegangen werden. Ein Haus sollte sich so harmonisch wie möglich in das vogegebene Umfeld einfügen. Der typische Baustil einer Landschaft entwickelte sich immer aus guten Gründen. Es lohnt sich, diesen Stil genau zu studieren, um die Form aber auch die verwendeten Baumaterialien des eigenen Gebäudes richtig zu wählen. Jede Landschaft, jedes Umfeld hat seine spezielle Charakteristik, die sich mit Hilfe der »Fünf Wandlungsphasen« beschreiben und erfassen lässt. Denn die Wahl des falschen Stils kann, so unglaublich dies klingen mag, weitreichende Konsequenzen haben, die sich auf Gesundheit und berufliches Leben ungünstig auswirken können.

Zu beachten ist:
- Die Gebäudeform sollte entsprechend dem Schöpferischen Zyklus harmonisch mit dem Umfeld in Beziehung stehen. Würde das Element des Umfeldes jenes des Gebäudes kontrollieren, so würde sich das Schicksal der Menschen in diesem Gebäude schwierig und problembezogen entwickeln.
- Erkunden Sie dazu die prägende Energie des Umfeldes: Wo liegt das Haus? Liegt es im Flachland, ist das Element Erde vorherrschend; im Hügel- oder Bergland mit abwechslungsreicher Silhouette spricht man von Wasserenergie, Blick auf viele Bäume erzeugt Holzenergie, ein Berg mit spitzem Gipfel sorgt für Feuerschwingung, und ein einzelner, runder Hügel oder eine Kuppe aktiviert Metallenergie (siehe Seite 32ff.).
- Ermittelnd Sie nun anhand des Schöpfungszyklus (siehe Seite 34ff.) die jeweils passende Bauform: Das Umfeld sollte das Haus »nähren«, also wäre beispielsweise in hügeliger »Wasser«-Umgebung ein »Holz«-Haus optimal, zum Beispiel mit Turm, grün gestrichen, tatsächlich mit viel Holz gebaut oder zumindest Holzverkleidet.
- So wie außen, so auch innen: Die innere Raumform und Gestaltung sollte sich harmonisch zur äußeren einfügen. Falls dies bei einem bestehenden Gebäude nicht der Fall ist, so kann durch entsprechende Materialien, Farben oder Formen das jeweils »vermittelnde Element« eingeführt werden. Dieses steht im Schöpferischen Zyklus zwischen den zwei sich kontrollierenden Elementen. Beispielsweise vermittelt das Element Holz zwischen Wasser und Feuer, das Element Erde vermittelt zwischen Feuer und Metall (siehe dazu Seite 35).

## Der ideale Grundriss

Ähnlich wie ein Grundstück, sollte auch ein Gebäude einen »gesunden«, das heißt ausgewogenen Grundriss haben. Wer die Formen älterer Bauwerke analysiert, wird feststellen, dass die damaligen Baumeister über derartige Gesetzmäßigkeiten wussten. Sie planten Häuser auf der Basis regelmäßiger Grundrisse, ließen allerdings zusätzliche Erker und kleine Vorbauten anbringen, was eine zusätzliche Lebendigkeit schuf.
Nach Feng-Shui-Erfahrung bieten harmonische Grundrissformen mehr Stabilität für die Bewohner. Anbauten wie Erker und Wintergärten sollten daher ein

gewisses Maß nicht überschreiten, was im Umgang mit dem Bagua (siehe Seite 42ff.) noch deutlicher wird. Ein »zerrissener« Grundriss mit vielen Ecken und Kanten kann, genauso wie eine L-Form, zu Defiziten und Problemen führen.

Dies zu vermeiden, sollte das Anliegen jedes Architekten sein, denn schließlich bauen sie die Wohnungen der zukünftigen Generationen.

## Baubiologie für mehr Lebensqualität

Die Auswahl der richtigen Materialien kann entscheidend zum Wohlbefinden beitragen. Sowohl beim Neubau als auch beim Sanieren und Einrichten lässt sich durch bewusste Gestaltung nach baubiologischen Kriterien eine Verbesserung der Lebensqualität erreichen. Neben der Schadstoffreduktion strebt die Baubiologie auch ein energiesparendes Bauen und Wohnen und eine generelle Optimierung des Raumklimas an. Die Baubiologie ist deshalb eine ideale Ergänzung zum Feng Shui. Ausschließlich nach Kriterien der Baubiologie errichteten Gebäuden fehlt leider oft die innere Harmonie, die wir Menschen so dringend benötigen, um ein erfreuliches und aktives Leben zu leben. Das lediglich Aneinanderfügen von baubiologischen Einzelaspekten ergibt mit Sicherheit noch kein harmonisches Ganzes. Mit Hilfe des Feng Shui kann diese Lücke geschlossen werden, denn Feng Shui orientiert sich an den Gegebenheiten des Umfeldes und bezieht grundlegende Bedürfnisse, aber auch Schwächen und Stärken der Menschen in die gesamtheitliche Planung ein.

### Nicht zu vergessen – die Vorgeschichte

Jeder Standort hat seine Vorgeschichte. Diese war hin und wieder unerfreulich, weshalb sensible Menschen in manchen Wohnungen oder Häusern über »komische Gefühle« berichten. Jedes Ereignis, dass jemals in einem Gebäude

---

**TIPP**

**KLÄRUNG EINER VORGESCHICHTE**

Sorgen Sie für eine »Housewarming«-Zeremonie, bei der Sie symbolisch alle alten Geister verabschieden und nun selbst das Gelände in Besitz nehmen. Dies kann ein Gebäude von seiner Vorgeschichte befreien, und Sie werden sich wundern, wie klar und frei Ihr Umfeld plötzlich wirkt. Vorschläge für einfache energetische Reinigungsmöglichkeiten finden Sie auf Seite 66f. und 92.

oder auf einem Grundstück stattfand, ist als Energiefeld dort verankert. Dramatische Vorfälle wie Selbstmorde, Unfälle, Verbrechen können sogar so stark nachwirken, dass selbst nach Jahrzehnten noch »unerlöste« negative Energien dort gebunden sind. Wenn Alpträume und Angstgefühle immer wieder an einer bestimmten Stelle auftreten, dann ist Ihre Initiative gefordert. In allen Kulturen kannten die Vorfahren Methoden zum Klären der Hausenergie. Sie führten Rituale beim Einzug durch und wiederholten regelmäßig eine »energetische Tiefenreinigung«. Unser Frühjahrsputz ist nichts anderes als ein Relikt dieses Wissens; man wollte das neue Jahr möglichst frei und unbeschwert ins Frühjahr, in die Zeit des Wachsens und Gedeihens schicken. Auf altem Wissen basiert auch das »Richtfest«, bei dem ein Bäumchen am Dachstuhl des Rohbaus befestigt wird, um gutes Gedeihen für die Menschen unter diesem Dach zu erbitten.

## Der Garten

Gesunde Pflanzen repräsentieren eine hohe Vitalkraft und zeigen die Fülle der Natur. Ein lebendiger, harmonischer Garten kann eine Art erweitertes Wohnzimmer im Sommer darstellen und zu Ihrer persönlichen »Energietankstelle« werden.

> Jedes Gewächs hilft, das Chi Ihres Gartens zu erhöhen; dennoch sollte die Bepflanzung ebenfalls den Prinzipien des Yin und Yangs folgen.

## PFLANZEN – QUELLEN DES CHI

Pflanzen sind lebendige Wesen; mittlerweile hat man auch herausgefunden, dass sie sogar Bewusstsein in sich tragen. Daher können auch manche Menschen eine besonders intensive Beziehung zu ihnen aufbauen. Fragt man solche Pflanzenliebhaber nach ihrem Geheimnis, werden alle darauf hinweisen, dass – neben einer intensiven Pflege – sie sich immer wieder mit ihren Pflanzen unterhalten.

### ❯ WENN PFLANZEN KRÄNKELN

Gesunde Pflanzen erhöhen das Chi ihres Umfeldes, während kranke das Gegenteil bewirken. Krankheit bedeutet, dass das Chi stagniert.
Pflanzen sind Symbole für Wachstum, Erneuerung, Kraft und Vitalität. Wenn sie krank werden, steckt dahinter immer eine Botschaft für den Besitzer. Da alles miteinander verbunden ist, kann das plötzliche Absterben, beispielsweise eines Baums, nicht grundlos geschehen. Und selbst, wenn Sie eine plausible äußere Erklärung finden (Saurer Regen, Borkenkäfer, zuwenig gegossen, Blattläuse, Wurzeln verletzt,…), dürfen Sie nicht übersehen, dass auch dies nur Teil einer längeren Ursachenkette ist, welche wiederum mit Ihnen in einem Dialog steht (siehe Seite 27f.). Schließlich ist es Ihr Grundstück, Ihre Wohnung und Ihre Pflanze. Eine Krankheit kann daher größere Unausgewogenheiten im Leben der Hausbewohner oder ernstere Probleme innerhalb eines Betriebes ankündigen – Auswirkungen der bestehenden Stagnation des Chi. Insofern lohnt es sich, genau zu hinterfragen, wann, wo, in welchem Zusammenhang welche Pflanze wie reagierte.

Dann gilt vorallem: Heilen ist besser als Wegwerfen! Wer sich um seine Pflanzen auch bei Krankheit kümmert, wird nicht nur viel Freude an ihnen haben, sondern auch sein Leben eher stabil halten. Kranke Pflanzen einfach wegzuwerfen, wäre genauso kurzsichtig, wie aus Ihrem Auto das Kontrolllämpchen des Ölstandanzeigers auszubauen, wenn es aufleuchtet.

# Sha-Chi rund ums Haus?

Überall, wo starke Betriebsamkeit herrscht, ist eine hohe energetische Ladung zu erwarten. Ob diese förderlich oder aber belastend wirkt, hängt von deren Qualität ab. Eine Stadtautobahn beeinflusst ihr Umfeld anders, strahlt mehr Unruhe und somit Sha-Chi (siehe Seite 26) aus als ein sich sanft durch die Landschaft windendes Landsträßchen.

Lange Geraden wie eine Straße oder ein Kanal, die direkt auf Ihr Haus zulaufen, auch eine Sackgasse, an deren Ende Ihr Haus steht, lassen ungebremst einen breiten Energiestrom darauf prallen. Auch schneidendes Chi, beispielsweise hervorgerufen durch herausragende Spitzen oder Kanten eines der Nachbarhäuser, wirkt sich ungünstig aus.

## Störende Nebengebäude

Jede bauliche Veränderung in Ihrer Nachbarschaft hat Einfluss auf das Chi dieser Region. Sollte daher in Ihrem Umfeld eine Institution, eine Behörde oder ein anderes Objekt, welches Sie persönlich als störend empfinden, bereits vorhanden sein oder gerade erst entstehen, so muss auch hier für Abhilfe gesorgt werden. Wichtig ist, dass die schwächende Wirkung nicht zu Ihnen durchdringt, ganz gleich, wie rege beispielsweise die Bautätigkeit auch sein mag. Verändern Sie entsprechend landschaftliche Elemente in Ihrem Garten (siehe Seite 57) oder behelfen Sie sich mit anderen Maßnahmen (siehe Seite 88f.).

### TIPP

**NEGATIVE ENERGIE BEKÄMPFEN**

Je mehr äußere Stör- und Stressfaktoren in Ihrem Umfeld vorzufinden sind, um so wichtiger sind Maßnahmen zur Umwandlung und Abschirmung dieser Einflüsse. Dazu gehört die seit Urzeiten übliche Dekoration des Eingangs mit schützenden Symbolen (siehe Seite 94f.) wie auch die Anhebung der Energie in der Wohnung mit aktivierenden Hilfsmitteln (Seite 71ff.).

Sorgen Sie für eine freundliche Gestaltung Ihrer Innenräume, und achten Sie darauf, dass beim Blick zum Fenster Ihre Aufmerksamkeit von erfreulichen Dingen gefesselt wird. Dies lenkt Ihr Bewusstsein auf Aufbauendes und vermag Sie positiv zu beeinflussen.

Da auch Lärmbelästigung zu Energieverlust führt, sollten gegebenenfalls Lärmschutzfenster eingebaut werden. Sorgen Sie zusätzlich in Ihren Räumen für eine angenehme Klangkulisse durch das freundliche Plätschern eines Zimmerbrunnens oder ein Klangspiel.

# Die Basis fürs »Innenleben«

**Wie im Außenbereich** so soll auch im Inneren des Hauses die Energie leicht und frei zirkulieren können – vom Eingang durch den Flur und dann von Raum zu Raum. Die einzelnen Bereiche müssen daher gut aufeinander abgestimmt sein. Hilfreiche Mittel dazu sind eine geschickte Beleuchtung (siehe Seite 74f.), passende Möblierung (siehe Seite 65 und ab Seite 98ff.), Bewegungsfreiheit, Ordnung (siehe Seite 66f.) sowie die richtige Farbwahl (siehe Seite 81).

### Das Schlafzimmer in der Partnerecke?

Das Bagua bestimmt nicht, wo welche Räume unbedingt liegen müssen, sondern es gibt lediglich Auskunft über das Vorhandensein eines Bereichs, das heißt, ob dieser geschwächt, ausgewogen oder gar gestärkt vorhanden ist (siehe Seite 44f.). Demnach kann beispielsweise in der Partnerecke genausogut das Kinderzimmer, das Wohnzimmer oder auch die Küche liegen. Wichtig ist nur, dass der dortige Raum harmonisch ist und kontinuierlich genutzt und gepflegt wird. Wenn durch geeignete Maßnahmen das Chi in diesem Bereich gut fließen kann, ist die zugeordnete Zone, in unserem Beispiel die Partnerecke, sehr gut aktiviert. Es wäre falsch verstandenes Feng Shui, wenn Sie glauben, in der Kinderzone das Kinderzimmer, in der Reichtumsecke das Büro oder den Tresor, oder im Familienbereich das Gästezimmer für die Eltern einrichten zu müssen.

Wenn Sie jedoch leerstehende oder nur sporadisch genutzte Räume haben, so würde es sich lohnen, diese zu gestalten und öfter zu benutzen, denn sie stehen gewissermaßen für Ihr noch brach liegendes Potenzial. Die ideale Raumaufteilung ist bestimmbar, dazu müssten allerdings weitere, kompliziertere Analysemethoden als die in diesem Buch vorgestellten herangezogen werden, die zusätzlich noch das Umfeld, die Himmelsrichtungen und die Geburtsenergie der betroffenen Personen berücksichtigen. Feng-Shui-Berater sind auf all diese Themenbereiche geschult und können dazu kompetente Auskunft geben.

## Möbel zum Wohlfühlen

Jedes Möbelstück, jeder Einrichtungs- und Beleuchtungsgegenstand erfüllt nur dann seinen Zweck, wenn er die Bedürfnisse der Bewohner optimal befriedigt, sowohl im rein funktionalen, als auch im ästhetischen Sinne.

- Achten Sie bei der Auswahl Ihrer Möbel darauf, dass die Bewegungsfreiheit innerhalb der Wohnung optimal erhalten bleibt – ein Übermaß an Möbeln kann den Chi-Fluss hemmen.
- Neben Positionierung, Form, Farbe, Material oder Preis muss vor allem auf die persönlichen Wünsche Rücksicht genommen werden. Wenn Sie gerne »up to date« eingerichtet sind, insgeheim aber auch gerne kuscheln möchten, dann sollten Sie auf die glas- und chromblitzende Designereinrichtung verzichten. Wählen Sie statt dessen jene Formen, Farben und Materialien, die Ihnen die maximale Behaglichkeit vermitteln.
- Runde Möbelformen lassen das Chi besser fließen und erzeugen eine harmonischere Raumstimmung. Scharfe Möbelkanten können ein schneidendes Chi (siehe Seite 26) zu Ihrem Sitz- oder Schlafplatz senden; verdecken Sie diese mit Pflanzen oder dekorativen Gegenständen.
- Die Beleuchtung soll der Funktion des Raums entsprechen (siehe Seite 74).

## Die Basis fürs »Innenleben«

### »Klare Verhältnisse« schaffen

Die besten Feng-Shui-Maßnahmen können nicht wirken, wenn die Wohnung zu sehr belastet ist. So ist ein jeder Gegenstand Träger von Chi und kann daher auch zu einer möglichen Überfüllung der Wohnung beisteuern.

Stellen Sie daher wiederverwendbare Gegenstände einer wohltätigen Institution zur Verfügung oder verkaufen sie. Achten Sie darauf, dass Sie niemand mit einem Gegenstand, den Sie selbst nicht mehr mögen, »zwangsbeglücken«. Freiwilligkeit ist oberstes Gebot.

- Alte Möbel haben meist eine sehr bewegte, manchmal auch belastende Geschichte. Diese ist wie in einem unsichtbaren Speicher im Holz verankert und strahlt in den Raum hinein, der dadurch beeinflusst wird. Deshalb wirken manche Antiquitäten schwer und erdrückend, und trotz ihres schönen Äußeren fühlen sich viele Menschen unwohl in ihrer Nähe.

- Um Möbel von belasteter Energie der Vergangenheit zu befreien, oder einfach zur regelmäßigen Grundsäuberung, empfiehlt sich ein Reinigungsgang mit Essig- oder Zitronenwasser. Mischen Sie den Saft einer Zitrone oder einen Spritzer Essig in das Reinigungswasser, befeuchten Sie ein Tuch damit und wischen die Möbel außen und innen sorgfältig aus.

- Sehr gut zum Harmonisieren von Möbeln und der gesamten Wohnung eignet sich auch ätherisches Rosenöl, das durch seine feine, hohe Schwingung die Qualität der Raumenergie positiv beeinflusst. Mischen Sie einen Milliliter eines hundertprozentig reinen, ätherischen Rosenöls in ein Braunglasfläschchen mit zehn Milliliter reinem Alkohol, und geben Sie davon drei bis fünf Tropfen in einen Eimer mit klarem Wasser. Mit diesem Rosenwasser kann die gesamte Wohnung regelmäßig von den vielen »Unreinheiten«, die sich im Laufe der Zeit ansammeln, gesäubert werden. Selbst an Wänden, Bildern und Teppichen haftende, »klebrige« und

---

**INFO**

**ENTRÜMPELN – ERSTER SCHRITT ZUM CHI**

Alte und überholte Dinge sollten Sie regelmäßig entfernen, wozu Kleider, Zeitschriften, Bilder oder Geschirr genauso zählen wie unbenutzte Möbelstücke oder verstaubte Souvenirs. All diese Gegenstände repräsentieren Ihre Vergangenheit und blockieren Ihre Gegenwart und Zukunft. Je mehr »Dinge« in Ihrer Wohnung herumstehen, -hängen oder -liegen, desto schwerer machen Sie es allem Neuen, in Ihr Leben zu kommen.

hinderliche Energien lassen sich damit entfernen.
- Schmutz in jeder Form, sei es ungespültes Geschirr, Staub oder ein trübes Fenster, zieht ebenfalls unklare Energien und Ereignisse in Ihr Leben. Daher ist eine gewisse Sauberkeit sehr förderlich. Aber auch hier: in der Ausgewogenheit liegt die Kraft! Putzwut und Pedanterie bewirken eher das Gegenteil der wohl gemeinten Absicht.
- Auch Ordnung trägt zur Klärung des Energieflusses bei. Je mehr Übersicht in Ihrem Umfeld ist, um so reibungsloser wird Ihr Leben verlaufen. So sollten Sie sich immer fragen, ob es sinnvoll ist, Gegenstände zu behalten oder ob Sie sich nicht rechtzeitig davon trennen konnte.
- Bücherregale dürfen den Raum nicht erdrücken – sie brauchen Platz zum Atmen. Schaffen Sie in ihnen Freiraum für andere erbauliche Gegenstände wie Figuren, Vasen, Blumen, Kristalle oder Ähnliches. Sie lassen die Bücherwand lebendiger erscheinen und erhöhen den ansonsten dort stagnierenden Energiefluss.
- Bilder sollten eine Wand nicht überladen. Erst der Abstand und Freiraum zwischen ihnen bringt sie gut zur Wirkung.

Harmonie durch Farben und Formen – und manchmal sind es nur Kleinigkeiten.

## Strahlende Wände

Die Belastung durch Elektrosmog, also durch elektromagnetische Strahlung von Stromleitungen, Steckdosen und Elektrogeräten, wird mittlerweile ernst genommen. Die Hinweise verdichten sich, dass diese Geräte den Menschen nachteilig beeinflussen können. Symptome können Schlafstörung, eine Schwächung des Immunsystems oder Kopfschmerzen sein. Viele weitere Beschwerden und Krankheiten werden ebenfalls mit Elektosmog in Zusammenhang gebracht und derzeit auch erforscht.

Schützen Sie sich, indem Sie solcher Strahlung ausweichen und Abstand von Wänden mit Stromleitungen oder Elektrogeräten halten. Vor allem die Schlafstelle sollte frei davon sein; deshalb werden immer öfter so genannte Netzfreischaltungen in die Schlafzimmerstromkreise eingebaut. Schaltet man abends das letzte Gerät oder das Licht aus, wird automatisch der gesamte Stromkreis unterbrochen; das ermöglicht eine nahezu »stromfreie Nachtruhe«. Weitere Fragen können Ihnen Baubiologen oder Elektroinstallateure beantworten.

### Vorsicht Handy

Telefonieren mit dem Handy ist in jedem Falle ein Belastung für den Organismus – und damit für das Chi des Menschen. Selbst wenn Sie mit Feng Shui eine optimale Raumenergie erreichen, wird durch strahlende Störenergien viel vom positiven Effekt wieder weggenommen. Es genügt schon, wenn das Gerät nur eingeschaltet ist. Vorliegende Untersuchungsergebnisse zeigen, dass eine Blutkonserve, die 15 Minuten neben einem Handy mit aufgebauter Verbindung lag, eine erhebliche Verklumpung der Blutzellen aufweist. Bis zum Jahr 2005 wird das Deutsche Umweltministerium gemeinsam mit Mobilfunkanbietern in einer groß angelegte Studie erforschen, wie sehr die Strahlung die Gesundheit beeinflusst. Aufgrund verschiedener Marktinteressen sind im Moment widersprüchliche Studien über die Gefahren von Handystrahlen im Umlauf.

## Wasseradern und andere Störzonen

Auch auf unterirdische Wasseradern und Störzonen wird immer mehr geachtet. Vielerorts werden bereits bei der Besichtigung eines Baugrundes Radiästheten und Pendler beauftragt, nach störungsfreien Plätzen Ausschau zu halten. Auch in bestehenden Gebäuden werden immer wieder Schlaf- und Sitzplätze auf mögliche Belastungen untersucht und nach einer solchen Analyse oft Betten oder Schreibtische verschoben. Häufig können so das Wohlbefinden verbessert und Schlafprobleme beseitigt werden. Dennoch ist die alleinige Untersuchung einer Wohnung auf derartige Störenergien viel zu wenig, da nur ein winziger Aspekt aller verschiedenen Umfeldenergien betrachtet wird. In Kombination mit dem Wissen des Feng Shui ist Radiästhesie dagegen ideal, da so auch auf die persönlichen Kraftplätze eingegangen wird – ein großer Unterschied zum Denken der Radiästhesie, lediglich Störeinflüssen auszuweichen.

## Kraftplatz eines Raums

Unsere Ahnen in grauer Vorzeit haben schnell erkannt, dass die Höhle als Platz zum Schlafen und Ruhen besser geeignet ist als das offene Feld. Sie zogen sich ins Höhleninnere zurück und hielten sich immer nahe einer Felswand auf, so dass ihr Rücken geschützt und der Höhleneingang gut zu überblicken war. Dieses Verhaltensmuster tragen wir modernen Menschen unbewusst in uns. Nicht umsonst sind in Restaurants die Plätze an den äußeren Wänden die beliebtesten, und die freistehenden Tische werden eher gemieden. Daraus lässt sich die ideale Einrichtung eines jeden Raums ableiten: Möbel sollten so platziert und ausgerichtet werden, dass die Bewohner immer den Platz der »höchsten Harmonie«, also den Kraftplatz des Raums, für sich benutzen können.

### TIPPS FÜR EINEN VERNÜNFTIGEN UMGANG MIT DEM MOBILTELEFON

> In Situationen, in denen genauso gut mit einem Festnetztelefon wie mit einem Handy telefoniert werden kann, sollten Sie das Festnetz nutzen.
> Halten Sie Telefonate per Handy so kurz wie möglich. Sie verringern damit jedes unnötige gesundheitliche Risiko.
> Wechseln Sie gelegentlich die Seite Ihres Kopfes, an welcher Sie das Handy halten, um die Strahlenbelastung besser zu verteilen.
> Legen Sie weder Handy noch Funktelefon neben das Bett. Die Erholwirkung des Schlafes könnte gestört werden.
> Je weiter weg vom Körper, desto besser. Tragen Sie Ihr Handy daher nicht im eingeschalteten Zustand in der Brusttasche Ihres Hemdes.
> Telefonieren Sie möglichst nicht bei schlechtem Empfang, zum Beispiel aus Autos ohne Außenantenne. Die Leistung mit der das Handy sendet, richtet sich nach der Verbindungsqualität zur nächsten Basisstation. Die metallische Autokarosserie verschlechtert die Verbindung und das Handy sendet deshalb mit besonders hoher Leistung. Ähnliches gilt auch für innenliegende Wohnräume, Keller etc. Je schlechter die Verbindung, desto höher die Strahlung.
> Suchen Sie daher beim Telefonieren innerhalb von Gebäuden Stellen mit guter Empfangsqualität, zum Beispiel am Fenster.
> Nutzen Sie SMS, da Sie dann das Handy nicht zum Kopf führen müssen.
> Immer mehr Menschen »fengshuien« ihr Handy mit einem (außen unsichtbaren) RaySAVER®-Handychip im Batteriefach. Dieser stärkt beim Telefonieren das Energiesystem des Handynutzers, beeinflusst aber nicht den Empfang des Geräts.

PRAXIS

# Hilfsmittel, die das Chi stärken

Jetzt gehts in die Praxis. Sie haben viel über die Hintergründe des Feng Shui erfahren, über die Zusammenhänge und die möglichen Wirkweisen. Hier lesen Sie nun über Hilfsmittel, die das Chi stärken – einfach in der Handhabung, günstig in der Beschaffung.

# Ausgleich durch Hilfsmittel

**Um energetische** Unausgewogenheiten, Schwächen oder Fehlzonen innerhalb Ihres Hauses oder Ihrer Wohnung auszugleichen, können unterschiedlichste Hilfsmittel verwendet werden. Jeder beliebige Gegenstand, ja sogar ein Kieselstein, eine Muschel oder ein mit einem Gedicht beschriebenes Blatt Papier, kann für Sie die ideale Problemlösung darstellen – sofern Sie eine besondere Beziehung zu ihm haben, weil er eine angenehme Erinnerung weckt oder weil Sie ihn einfach schön finden. Denn immer, wenn Sie einen solchen Gegenstand ansehen, vermittelt er Ihnen positive Energie. Suchen Sie also Feng-Shui-Hilfsmittel am besten in Ihrem eigenen Umfeld, denn sie haben dann die stärkste Wirkung, wenn sie emotional mit Ihnen verbunden sind.

### Hilfen für Sie

Es haben sich aber auch einige spezielle Gegenstände als Standardlösungen durchgesetzt, die vielseitig eingesetzt werden können. Sie sollten sie mit Bedacht und Gefühl verwendet werden.

## PRAXIS

Wenn Sie (und das geht am Anfang fast jedem so) nicht ganz sicher sind, wo und wie Sie die Feng-Shui-Veränderungen anbringen sollen, dann liegen Sie mit den empfohlenen Hilfsmitteln sicher richtig und können dabei erste eigene Erfahrungen sammeln. Achten Sie auf Ihre Gefühle dabei und beobachten Sie, was während oder nach dem Anbringen der Feng-Shui-Lösungen passiert. Sollten Sie mit der Platzierung eines Hilfsmittels noch nicht zufrieden sein, so verändern Sie einfach den Standort und beginnen aufs Neue mit der Beobachtung. Viel Erfolg!

### Klang verändert die Welt

So, wie das Läuten der Kirchenglocken eine Wirkung auf die Umgebung hat, kann das gezielte Anbringen von harmonischen Klangerzeugern das Chi einer Wohnung anheben. In manchen Geschäften ertönt beim Öffnen der Tür ein akustisches Signal. Dies wirkt einerseits wie ein »Herzlich willkommen – schön dass Sie da sind!« und signalisiert andererseits, dass jemand den Raum betritt. Zusätzlich wirkt es wie ein »Trenner« zwischen Innen- und Außenwelt. Der Klang markiert das Eintauchen in ein neues Areal.

- Klangspiele und andere harmonische Klangerzeuger (beispielsweise Musikinstrumente) erhöhen das Chi eines Raums. Ihre Stimmung sollte klar und rein sein, Klangspiele aus Metall werden deshalb bevorzugt. Klangspiele mit Muscheln, aus Glas, Holz oder Keramik erzeugen meist einen zu stumpfen Ton.
- Wenn Sie ein Klangspiel in der Nähe einer Tür aufhängen, achten Sie darauf, dass die Tür beim Öffnen nicht lärmend in das Klangspiel schlägt, da dies Stress auslösen würde und die harmonisierende Wirkung dahin wäre. Vielmehr sollte es so montiert sein, dass der Luftzug der sich öffnenden Tür den Klang erzeugt.
- Als Alternative eignen sich so genannte Türharfen, welche direkt an der Tür befestigt werden und sich mit dieser mitbewegen.
- Größere Klangspiele helfen auch in Wintergärten und an Balkon- oder Terrassentür, Energieverlust durch hinausströmendes Chi zu halten.

### TIPP

**FÜR DEN EINKAUF**

Immer mehr Feng-Shui-Shops sowie Geschäfte und Buchhandlungen mit ganzheitlich orientiertem Sortiment führen spezielle Hilfsmittel zur Veränderung der Raumenergie. Allzu oft legen diese Läden jedoch ihren Schwerpunkt auf Produkte der alten chinesischen Schule, wie Bambusflöten, Fächer oder Amulette; deshalb finden Sie auf Seite 122 Bezugsadressen für die in diesem Buch vorgestellten westlichen Feng-Shui-Hilfsmittel.

- Klangspiele eignen sich auch zum Abtrennen verschiedener Raumzonen. Das kann dann hilfreich sein, wenn mehrere sich widersprechende Bereiche, beispielsweise Schreibtisch und Schlafplatz, im selben Raum untergebracht sind.
- Klangspiele müssen unbedingt persönlich »probegehört« werden, da ein jeder Mensch einen anderen Klang als schön und für sich stimmig empfindet. Einfach nur aus dem Versandkatalog zu bestellen, weil das ausgesuchte Klangspiel die optischen Bedürnisse erfüllt, kann daher sehr unbefriedigend sein.

Warmes Kerzenlicht und feine Düfte sorgen für angenehme Stimmung.

## Die heilende Kraft des Lichts

Wir Menschen sind »Lichtwesen«. Alle unsere Vor-Generationen waren weitaus häufiger im Freien und somit unter Sonneneinfluss, als wir es heute sind. Dass so viele Mitteleuropäer in den grauen Herbst- und Wintertagen zu Depressionen neigen, liegt vor allem an dem massiven Mangel an natürlichem Licht.

Die Wahl der richtigen Beleuchtung ist daher eine der wichtigsten Feng-Shui-Lösungen überhaupt. Ein freundlich und hell gestalteter Raum beeinflusst unsere Psyche vorteilhaft, während ein zu dunkles Umfeld depressiv, schwermütig und träge macht. Das Chi eines solchen Umfeldes stockt und die Lebensentwicklung der darin lebenden oder arbeitenden Menschen wird im Laufe der Zeit ebenfalls stagnieren.

- Immer, wenn eine Glühbirne ausbrennt, ersetzen Sie sie durch eine stärkere – solange, bis die ganze Wohnung um eine Stufe heller geworden ist. Als Faustregel gilt: Dunkel eingerichtete Räume benötigen ungefähr die doppelte Lichtstärke wie hell eingerichtete.
- Ästhetik allein ist zu wenig, vor allem wenn sie auf Kosten der Helligkeit geht. Beleuchtungskörper sollten nach der Leuchtkraft ausgewählt werden. Geschlossene Lampen neigen zum Überhitzen und vertragen meist keine lichtstarke Glühbirne.

## ENERGIEBILANZ

Mehr Licht verbraucht zwar ein bisschen mehr Strom, wirkt sich aber dennoch indirekt förderlich auf die Umwelt aus. Ein lichtarmes, Chi-schwaches Umfeld führt zu einem Energiedefizit beim Menschen. Daraus erwächst der Wunsch nach Ersatzbefriedigung mit Dingen, deren Herstellung und Entsorgung die Umwelt wesentlich stärker belasten: Einkaufstrips, Heißhunger oder Hobbys wie Motorradfahren sind letztlich energieaufwendiger. Energiesparlampen stellen nicht nur bei der Entsorgung problematischen Sonderabfall dar, sondern beeinflussen auch das Raumklima ungünstig. Auch die Trafos von Halogensystemen sollten aus Wohnräumen ferngehalten werden.

- Versuchen Sie, die Raumstimmung durch verschiedene Lichtquellen zu steigern. Stehlampen, Deckenfluter oder indirektes Licht können Räume sehr aufwerten. Durch verschiedene Lichtquellen kann der Raum je nach Bedürfnis entweder hell oder intim und kuschelig beleuchtet werden.
- Vor allem die Ecken eines Raums sollten nicht zu dunkel sein, da diese sonst zu Energiestau neigen. Und das würde die gesamte Wohnung beeinflussen.
- Mit Hilfe nach oben leuchtender Deckenfluter kann eine bedrückende Deckensituation oder die Wirkung eines vorragenden Balkens gemildert werden.
- Ganz besonders wichtig ist gutes Licht im Zugang zur Haustür, vor dem Eingang und auch im Vorraum. Wer jahrelang von einem dunklen Raum empfangen wird, reduziert seine Ansprüche ans Leben und wird sich mit mittelmäßigen Dingen zufriedengeben.

### Pflanzen bringen Leben ins Haus

Weil gesunde Pflanzen die lebendige Vitalkraft der Natur symbolisieren, erhöhen sie das Chi innerhalb einer Wohnung genauso wie auf einem vielfältig bewachsenen Grundstück.

- Im Innenbereich können Pflanzen unbelebte Raumecken aktivieren sowie schneidende Ecken harmonisieren.
- Sie helfen, Energieverlust bei Fenstern zu vermeiden (siehe Seite 25); insbesondere Wintergärten profitieren energetisch von ihrer Anwesenheit. Allerdings sollten Pflanzen die Fenster nicht zu sehr blockieren – der Chi-Fluss würde dadurch leiden.
- Pflanzen mit spitzen Blättern oder Stacheln wie Yuccas oder Kakteen sollten nicht zu nah an Sitzplätzen oder anderen viel genutzten Bereichen stehen, um Schneidendes Chi (siehe Seite 26) zu vermeiden.

Malayenblume: Erfreut das Auge und stärkt das Chi der Wohnung.

- Zimmerlinden haben eine sehr wohltuende Wirkung auf das Energiefeld des Menschen. Sie nähren und stärken die Aura.
- Grünlilie, Bogenkraut, Philodendron, Echte Aloe und Efeu reinigen und entgiften die Luft von Schadstoffen wie Formaldehyd, Benzol und Trichloräthylen.
- Blühende Pflanzen symbolisieren die Fülle und den Überschwang der Natur. Sie sind ideale Hilfsmittel, um das Chi sofort zu heben. Sorgen Sie deshalb immer für etwas Blühendes in Ihren Räumen, ob als Topf- oder als Schnittblumen!
- Je gesünder die Pflanzen, um so besser ist es um das Chi Ihrer Wohnung bestellt (siehe Seite 62).
- Getrocknete Blumen stellen vertrocknetes Leben dar. Sie sollten daher mit Bedacht und nur als Einzeldekoration verwendet werden. Kunstblumen aus Seide oder bemaltem Holz können, sofern edel gefertigt und täuschend echt ausgeführt, überall dort einen guten symbolischen Ersatz für Zimmerpflanzen bieten, wo echte Pflanzen nicht gedeihen.

## Die Magie der Spiegel

Spiegel wurden seit ihrer Erfindung als magisches Werkzeug eingesetzt. Von jeher verwendeten unsere Vorfahren alles Glänzende als Reflektor, seien es polierte Muschelstücke, Steine oder Metall. Der Anwendungsbereich von Spiegeln ist sehr groß und kann der jeweiligen Situation angepasst werden.

Reflexion: Um sich vor belastender Sha-Energie (siehe Seite 26) zu schützen, werden Spiegel als Reflektoren verwendet. Zu diesem Zwecke wird außen an der Hausfassade, über der Eingangstür oder vor dem Gebäude im Garten mit reflektierenden Materialien gearbeitet. Dazu zählen Türklopfer aus poliertem Messing und metallene Namensschilder genauso wie glänzende Rosenkugeln auf Stöcken im Garten.

Die Magie der Spiegel **PRAXIS**

Allerdings darf der weggespiegelte Energiestrahl nicht unmittelbar auf den Verursacher zurückgeworfen werden. Dies würde nach dem Prinzip von Ursache und Wirkung nur neue Probleme schaffen. Daher sind nach außen gewölbte (konvexe) Spiegel für diesen Zweck ideal. Sie zerstreuen das Sha und machen es zugleich unschädlich.

Anziehung: Da ein Spiegel sein Gegenüber abbildet, ist er in gewissem Sinne auch energieanziehend. Daher kann er besonders aufbauende Motive, beispielsweise die Energie der schönen Landschaft, in die Wohnung holen. Wichtig ist die mit dem Motiv verbundene Vorstellung.

Erweiterung: Enge Räume und den Weg blockierende Wände können durch Verspiegelung »geöffnet« werden. So kann man auch Fehlbereiche energetisch auffüllen, was eine der wichtigsten Feng-Shui-Lösungen ist.

Kontrolle: Um auch den Bereich hinter Ihnen zu überblicken, kann ein (kleiner) Spiegel, ähnlich wie der Rückspiegel im Auto, so angebracht werden, dass er den Blick nach hinten ermöglicht. Dies schafft Kontrolle und bringt Sicherheit.

- Der Badezimmerspiegel sollte groß genug sein, um den gesamten Oberkörper, also den Brustbereich, zu zeigen und zusätzlich rundum 30 bis 40 cm Raum lassen, um auch die unsichtbare Aura zu erfassen.
- Auch Kinder betrachten sich gerne im Spiegel. Bringen Sie deshalb an einer leicht zugänglichen Stelle, beispielsweise innen an der Badezimmertür, einen bodennahen Spiegel an.
- Spiegelfliesen und geteilte Spiegelschränke im Bad sind weniger gut geeignet, weil sie Ihr Abbild durchtrennen. Dies beeinflusst auf unbewusster Ebene Selbstbewusstsein und Stabilität.
- Rauchglasspiegel trüben das Abbild und sind daher nur in untergeordneten Funktionen brauchbar. Gleichfalls sollten Spiegel immer sauber sein.

Spiegel nehmen Licht auf und reflektieren es in andere Wohnbereiche.

## DNS-Spiralen –
## Steigerung der Lebensenergie

Die Erbinformation, und damit sämtliche lebenswichtigen Daten, sind in der so genannten DNS (Desoxyribonukleinsäure) gespeichert. Diese sieht aus wie eine lange Doppelspirale mit Querstegen und ist millionenfach in unserem Körper vorhanden. Sie gilt als Abbild universeller Energieprinzipien und birgt noch viele unentdeckte Geheimnisse. Ein vereinfachtes Modell dieser DNS-Doppelhelix bewirkt in einem Raum oder einer gesamten Wohnung eine enorme Energiesteigerung. Der scheinbar endlose Lauf der Bewegung wirkt auf viele Menschen sehr faszinierend und löst eine positive Resonanz in ihnen aus.

- DNS-Spiralen wirken im Zentrum eines Hauses (siehe Seite 48f.) energiesteigernd und stabilisierend.
- Über Pflanzen gehängt, steigern sie auch dort die Lebendigkeit – probieren Sie's aus!
- Die Spirale erzeugt einen senkrechten Strahl, der Himmel und Erde verbindet, uns hilft, geerdet zu bleiben und uns zugleich geistig zu öffnen.

## Regenbogenkristalle –
## Freude für das Heim

Wenn Licht auf ein Glasprisma fällt, wird es in die Spektralfarben des Regenbogens aufgefächert. Den gleichen Effekt erreichen Regenbogenkristalle, speziell geschliffene, facettierte Glaskristallkugeln, wenn sie in einem Fenster von der Sonne beschienen werden.

- Mit ihrer perfekten geometrischen Form verteilen sie die entstehenden Lichtpunkte harmonisch im gesamten Raum; dadurch heben sie die Raumenergie und erzeugen eine sehr sanfte und freudvolle Schwingung. Zumeist wird die Kugel- oder Tropfenform verwendet, aber auch Fünfstern, Herz und Oktogon sind beliebt.
- Sie können unbelebte Raumecken aktivieren, vor allem in Kombination mit einer guten, auf sie ausgerichteten Beleuchtung (siehe Seite 74f.).
- Regenbogenkristalle eignen sich hervorragend zum Bremsen und Harmonisieren von belastender Sha-Energie, wie sie in langen Gängen oder bei einem Tür-Fenster-Durchzug auftritt (siehe Seite 25).
- In Süd- und Westfenstern brechen sie die starke direkte Sonneneinstrahlung und helfen, den Raum vor Überladung zu schützen.
- Regenbogenkristalle wirken dann am förderlichsten, wenn sie sauber sind und ihre Oberfläche frei von Flecken, aber auch Kratzern oder anderen Beschädigungen ist.
- Sie lassen sich sehr einfach mit einem Faden und Reißnagel am Fensterflügel

# PRAXIS

Funkelnde Regenbogen. Kristalle malen die Welt der Lichtfarben in Ihre Wohnung.

befestigen, oder Sie hängen sie direkt an der Decke auf. Im Handel sind spezielle Aufhängekettchen und Haken erhältlich (Bezugsquellen siehe Seite 122). Vermeiden Sie jedoch eine Befestigung über einem Platz, an dem Sie sich direkt, also körperlich, aufhalten, wie zum Beispiel Bett oder Sessel.

## Kristalle – funkelnde Botschafter der Erde

Die Schwingung edler Steine ist bekanntermaßen heilend und energetisierend. Von jeher werden Bergkristalle, Amethyste, Rosenquarze und die vielen anderen Vertreter des Mineralreiches zu Heilzwecken verwendet. Je nach Farbe, Form und Kristallgitter erzeugen sie unterschiedliche Schwingungen. Entsprechend beeinflussen sie daher auch die verschiedenen Körperregionen und damit auch unsere feinstofflichen Schichten, unsere Aura. Wer sich mit kristallinen Schwingungen auskennt oder zumindest eine gute Intuition hat, kann mit Hilfe dieser gewachsenen Kristalle auch Wohnungsbereiche aktivieren beziehungsweise gewünschte Schwingungen darin erzeugen (Buchtipp, siehe Seite 122).

- Einzelne, stehende Bergkristallspitzen erzeugen einen senkrechten Strahl wie die DNS-Spirale; sie sind daher auch bestens geeignet, ein Hauszentrum zu markieren.
- Ihrer starken Schwingung wegen sollten im Schlafzimmer nicht zu viele Kristalle stehen. Dies könnte Unruhe und damit verbundene Schlafprobleme verursachen.
- Kristalle müssen regelmäßig gereinigt werden, da sie sonst stumpf werden und damit ihrer Kraft beraubt werden. Zur Reinigung legen Sie sie zwei bis drei Miuten lang unter fließendes kaltes Wasser, bis Sie den Eindruck haben, dass sie wieder klar und sauber sind. Trocknen Sie sie mit einem sauberen, weichen und vor allem fuselfreien Lappen vorsichtig ab.

# AUSGLEICH DURCH HILFSMITTEL

## Delphine – die Liebesboten

Immer öfter berichten Urlauber von tiefbewegenden Delphinerlebnissen. Wer jemals das Glück hatte, mit Delphinen zu schwimmen, weiß, wie ergreifend ihre Gegenwart ist. Wegen ihrer liebevollen und fürsorglichen Ausstrahlung wurden Delphine von jeher (auch schon in der Antike) als Inkarnation höchster und bedingungsloser Liebe angesehen. Mittlerweile gibt es auch zahlreiche Therapieformen, bei denen Delphine eingesetzt werden.

- Ein Bild oder eine Skulptur von Delphinen kann einen Wohnraum enorm aufwerten. Sie strahlen eine feine und hohe Schwingung aus, die die Bereitschaft entstehen lässt, sich zu öffnen und insgesamt ein liebevolleres Verhalten im Miteinander fördert.
- Vor allem das Motiv zweier im Gleichklang miteinander kommunizierender Delphine ist ideal als Partnersymbol geeignet.
- Kinder haben eine intuitive Beziehung zu diesen wunderbaren Tieren. Daher können auch Kinderzimmer sehr erfolgreich mit Delphinpostern aufgewertet werden.

## Auch Bilder können heilen

Jedes Foto, jede Zeichnung und jedes von Künstlerhand gestaltete Gemälde hat eine sehr spezifische Schwingung. Einerseits trägt es die Information des jeweiligen Motivs, andererseits aber auch die Ausstrahlung des Schöpfers in sich. Daher muss die Wahl von Bildern sehr behutsam erfolgen, weil belastende Motive das Leben erschweren würden.

- Umgeben Sie sich nur mit solchen Bildern, zu denen auch Ihr »Bauch« ja sagt. Schwermütige und bedrückende Motive sollten rasch ersetzt werden.

Spielende Delphine sind in vielen Kulturen Sinnbild für Harmonie und Liebe.

- Vermeiden Sie Bilder, die Spannung, Spaltung oder Stress ausdrücken. Vor allem Schlaf- und Kinderzimmer, also die Erholungszonen, sollten von solchen störenden Einflüssen freigehalten werden.
- Bilder brauchen genügend Platz, um wirken zu können. Dies gilt sowohl für die Rahmung, die das Motiv nicht einschnüren darf, als auch für die Inszenierung an der Wand, die nicht überladen werden sollte.
- Überlegen Sie sich, welche Schwingung und Ausstrahlung jeder Raum Ihrer Wohnung erhalten soll, und suchen Sie dafür die jeweils idealen Motive.

## Farben und ihre Wirkung

Die Wirkung von Farben ist unbestritten enorm wichtig für die Psyche des Menschen. Der richtige Einsatz des jeweils passenden Farbtons hat direkten Einfluss auf Ihr Wohlbefinden; er kann aber außerdem einen Raum aufwerten und so zum Beispiel ein bestehendes Ungleichgewicht neutralisieren. Viele moderne Therapieformen wenden Farben zum Ausgleich von Defiziten an, da sie spezifische heilsame Wirkungen auf Körper und Seele haben. Feng Shui setzt Farben entsprechend ihrer Zuordnung zu den Elementen ein mit dem Ziel, einen Raum in die richtige Schwingung zu versetzen, und zwar

> Warme Erdfarben sorgen für Ruhe und Beständigkeit.

- um den Raum entsprechend seiner Himmelsrichtung (siehe Seite 36ff.), mit den passenden Farben zu stärken;
- um die Raumnützung zu unterstützen;
- um bestimmte menschliche Eigenschaften zu fördern.

Um die richtigen Farben zu wählen, kann der Farbkreis nach den Fünf Elementen (siehe Seite 35ff.) zu Rate gezogen werden. Erinnern Sie sich, dass nach dem Schöpferischen Kreislauf immer ein Element das nachfolgende nährt und aufbaut, also alle miteinander verbunden sind.

## TIPP

### HARMONISIERENDE FARBKOMBINATIONEN

> Sollten Sie beispielsweise einen nach Süden gelegenen Wohnraum aktivieren wollen, dann gehen Sie wie folgt vor: Ermitteln Sie das Feuer stärkende Element, nämlich »Holz«. Holz bringt Feuer hervor. Die Farbe des Holzelementes ist Grün, die des Feuers ist Rot. Umgeben Sie sich daher in diesem Raum mit üppigen und gesunden Zimmerpflanzen (Grün), streichen Sie Ihre Wohnzimmerwand in einem freundlichen Hellgrün oder überziehen Sie Ihr Lieblingssofa mit Grün und Rot.

> Sie können aber auch die Nutzung eines Raums als Kriterium für die Farbwahl heranziehen. Ein eher aktiv genutzter Raum (beispielsweise Wohnzimmer und Büro) verträgt mehr »aktive Yang-Farbtöne«, wie Rot, Orange und Gelb, während für ruhigere Wohnungsbereiche, beispielsweise Schlafzimmer oder Bibliothek, eine »ruhigere Yin-Farbwahl« empfohlen wird.

> Sehr effizient können Farben die persönlichen Eigenschaften befruchten. Rot (Feuer) unterstützt Tatendrang und Leidenschaft, Erde sorgt für Beständigkeit und Geduld, usw. (siehe Tabelle Seite 83).

### Die Mischung machts

Eine ausgewogene Kombination dieser Farben klärt die Energie in einem Raum und erhöht dessen Schwingung. Wichtig ist, dass eine angenehme Mischung entsteht, also Einseitigkeit vermieden wird.

> Rot und Schwarz sollten zurückhaltend eingesetzt werden, da eine Überbetonung von Rot zu Aggressivität und Streit, zu viel Schwarz zu Schwermut und Pessimismus führen kann.

> Naturgemäß werden in jedem Raum auch andere Elemente und Farben vertreten sein. Außerdem hat jeder Mensch Lieblingsfarben. Wenn Sie neben den »idealen Farben« die Farbtöne der anderen Elemente sparsam einsetzen und so das gesamte Spektrum der Fünf Wandlungen nutzen, fließt das Chi von einem Element zum nächsten und erzeugt einen vollständigen Schöpferischen Kreislauf, mit Schwerpunkt auf den Hauptelementen.

> Je aktiver ein Raum genutzt wird, desto mutiger können Farben mit Signalwirkung – wie Rot, Orange und leuchtendes Gelb – eingesetzt werden. Diese stark aktivierenden Farbtöne müssen immer durch ruhigere Farben ausgeglichen werden, da es sonst zu Ungleichgewicht mit übermäßiger Unruhe käme. Daher sollten entsprechend

zu dieser Erkenntnis in Ruheräumen ruhigere Farben wie Grün, Blau, Ocker den Ton angeben, mit aktiven Farben als »Aufputz«.

› Farben haben auch eine spezielle Symbolik, die aber in jeder Kultur etwas anders gedeutet wird, wie überhaupt die Farbwahrnehmung sehr individuell ist. Hier einige Beispiele für eine auch im Westen gültige Farbenlehre: Schwarz und Blau sind die Farben des Elements Wasser und stehen in Verbindung mit Geld. Rot gilt als heilbringende, vitalisierende Farbe, und Weiß ist die Farbe der Reinheit und Klarheit. Gelb, die Farbe der Sonne und stellt Langlebigkeit dar. Grün ist die Farbe des Frühlings und symbolisiert Wachstum, Frische und Gelassenheit.

## Wasser fördert Wohlstand

Eine klassische und weit verbreitete Feng-Shui-Lösung sind Aquarien. Doch nur wenige Menschen haben Zeit und Muße zur Pflege; deshalb werden andere Wasser-Hilfsmittel bevorzugt, zum Beispiel Zimmerbrunnen und Wasserfallbilder. Auch diese sorgen für eine Belebung des Chi und können zur Aktivierung des Finanzflusses, der Fülle und segensreicher Ereignisse verwendet werden.

› Beliebt sind Wasserhilfsmittel in der Reichtumsecke des Bagua, da sie die ewig sprudelnde Quelle des Wohlstands symbolisieren.

› Im Zimmerbrunnen oder Aquarium sollte immer Wasser höchster Qualität verwendet werden; je weniger UV-be-

### FARBEN, DIE DIE ELEMENTE STÄRKEN

|  | Holz/ Osten | Feuer/ Süden | Erde/ Zentrum | Metall/ Westen | Wasser/ Norden |
|---|---|---|---|---|---|
| **Eigenschaften** | innovativ schöpferisch | Tatendrang Leidenschaft | Beständigkeit geduldig | Klar ehrgeizig | Geborgenheit Sanftheit |
| **Eigenfarbe** | Grün | Rot | Gelb | Weiß | Schwarz, Blau |
| **Wird gefördert durch** | Wasser/ Schwarz oder Blau | Holz/ Grün | Feuer/ Rot | Erde/ Gelb | Metall/ Weiß |
| **Empfohlene Farbkombinationen** | Schwarz oder Blau mit Grün | Grün mit Rot | Rot mit Gelb | Gelb mit Weiß | Weiß mit Schwarz oder Blau |

strahlt, gechlort oder anders »aufbereitet«, um so besser. Belebtes Wasser, das zum Beispiel mit Magneten oder durch Verwirbelung vitalisiert wurde, ist vorzuziehen, während destilliertes Wasser nur zur Not verwendet werden sollte. Auch hier ist eine regelmäßige Reinigung wichtig.

› Im Schlafzimmer kann bewegtes Wasser Unruhe verursachen. Schalten Sie daher den Zimmerbrunnen am Abend besser aus. Wasserbetten sind übrigens wegen ihrer Instabilität und der Überbetonung des Elements Wasser aus Feng-Shui-Sicht problematisch.

## Bewegte Objekte aktivieren das Chi

Alles, was sich bewegt, zieht die Aufmerksamkeit an sich. Entsprechend aktivierend wirken alle beweglichen Feng-Shui-Mittel wie Mobiles, Windräder und Fahnen.

› Nicht nur zur Anregung des Chi-Flusses werden sie eingesetzt, sondern auch, um belastende Sha-Energie (siehe Seite 26) zu zerstreuen. In langen Gängen, zwischen Tür und Treppenansatz oder vor einer schneidenden Ecke können bewegte Objekte die Energie sehr gut bremsen und zerstreuen.

› Kinder haben ein besonderes Faible für zarte Mobiles und bunte Windräder. Viele Eltern hängen bereits ihren Säuglingen ein Mobile über das Kinderbett.

› Je nachdem, welche Symbole für das Mobile gewählt werden, kann auch noch deren spezifische Zusatzschwingung im Raum verteilt werden. Fliegende Vögel bringen beispielsweise Luftigkeit und Leichtigkeit, Delphine Freude und Regenbogenkristalle eine klärende Qualität.

## Schutz und Stabilität durch schwere Objekte

Jeder besonders schwere Gegenstand ist in der Lage, starke und ungebändigte Energieflüsse zu bremsen. Wie ein Fels in der Brandung kann ein Stein oder eine

› Ein leise plätschernder Zimmerbrunnen beruhigt und harmonisiert.

PRAXIS

Ein Delphin-Mobile sorgt für eine leichte, heitere Stimmung.

Skulptur wirken. Auch schwere Möbel können denselben Zweck erfüllen.
- Besonderes Einsatzgebiet dieser Lösung ist beispielsweise ein Hanggrundstück, wo die Energie sozusagen den Berg hinunterrollt. Hier kann, anstelle oder zusätzlich zu einer Terrassierung, durch einen schweren Gegenstand ein Stabilisierungs- und Bremspunkt geschaffen werden.
- Auch, um den Energiestrom an Treppenaufgängen oder auf offenen Terrassen zu bremsen, ist dies eine perfekte Lösung.
- Wenn Ihr Leben in bestimmten Bereichen sehr unruhig oder unsicher verläuft, helfen schwere Objekte in der entsprechenden Bagua-Zone, Ihre Situation wieder zu stabilisieren.

- Kinderzimmer sollten von allzu belastenden und beschwerenden Einrichtungsgegenständen verschont werden.

### Die Macht persönlicher Gegenstände

Da alle Materie verdichtete Energie ist, hat jeder nur vorstellbare Gegenstand eine individuelle Schwingung. Daher kann grundsätzlich jedes Ding als Feng-Shui-Werkzeug genutzt werden – das kann ein Stein sein, den Sie im Urlaub am Strand gefunden haben, eine Vase, ein Bild, das eine Sehnsucht symbolisiert… Sehr oft haben solche persönlichen Gegenstände wesentlich mehr Aussagekraft als das Beste im Geschäft erstandene »Standardwerkzeug«. Haben Sie daher Mut und sagen Sie ja zur eigenen Kreativität und Inspiration.
- Entwickeln Sie Ihre eigenen Lösungen und Symbole. Wichtig ist vor allem, was Sie darin sehen oder spüren. Bei jedem Kontakt mit diesem Gegenstand wird sich Ihr Unbewusstes an dessen Bedeutung erinnern und somit den Wirkmechanismus aktivieren.
- Nicht, was andere für richtig halten, zählt, sondern nur Ihr ureigenstes Empfinden. Geben Sie sich daher Zeit und Raum zum Experimentieren. Sie werden feststellen, dass Ihre Intuition, Ihr Gefühl »im Bauch« in der Regel Recht hat.

PRAXIS

# Checkliste
# Haus und Garten

Wo ist der beste Platz für Sofa oder Bett? Wie setzt man Spiegel gezielt ein? Was ist auf dem Schreibtisch zu beachten? Wie stärkt man einen Fehlbereich des Bagua? In diesem Kapitel finden Sie Antworten auf alle Fragen, die Sie sich nach der Analyse Ihrer Wohnsituation sicher gestellt haben. Und Sie werden sehen – Feng-Shui-Maßnahmen sind wirklich ganz einfach umzusetzen!

## Von außen nach innen

Ein Garten voller Energie – kaum etwas kann mehr bereichern und für Ausgewogenheit sorgen. Wenn Sie es schaffen, zwischen Frühjahr und Herbst den Garten zum erweiterten Wohnzimmer zu machen, kommen die Bewohner in den Genuss vitaler, dynamischer Lebenskraft. Dementsprechend wichtig ist eine ausgewogene Gestaltung aller Grünanlagen, denn nur wenn Yin und Yang ein harmonisches Gleichgewicht ergeben, werden sich die Menschen rundum wohl fühlen.

### Das 1x1 eines harmonischen Gartens

Lassen Sie sich Zeit bei der Planung und Gestaltung. Verändern Sie nicht alles sofort. Ein Garten ist ein lebendiger Organismus, mit dem man sich – genau wie mit einem Menschen – erst »anfreunden« muss; Sie müssen ihn erst mal kennen lernen, zumal er sich von Jahr zu Jahr, manchmal auch nur in kleinen Schritten verändert. Viele Ideen brauchen einfach eine Weile bis sie reifen. Dafür wird Ihr grünes Refugium danach um so schöner.

**FRAGENKATALOG, SICH IHREM GARTEN ANZUNÄHERN**

**1. Was ist, wenn das Grundstück einseitig bebaut ist, oder an einer Seite, etwa durch eine große Wasserfläche eine starke energetische Ladung hat?**

Dadurch entsteht ein Ungleichgewicht, das auch im Leben der Bewohner zu einseitigen Extremen führen kann. Zum Ausgleich sollten sie den schwächeren Teil bewusst aktivieren. Besonders gut geeignet sind hierfür bewegliche Objekte, da Bewegung erhöhte Energie bedeutet, etwa Windräder, Fahnen oder Pflanzen, deren Blätter sich bei jedem leisen Windhauch bewegen. Sie können auch fließendes Wasser oder Lampen und Rosenkugeln einsetzen oder Tiere anlocken.

**2. Wie kann man das Grundstück nach außen hin abgegrenzen?**

Zäune, Hecken und Mauern frieden das Grundstück nicht nur ein, sie halten auch das Chi im Garten. Zu massiv, hoch oder dicht sollten sie aber nicht ausfallen, da sie sonst die Bewohner vom Umfeld abschneiden. Lassen Sie nach Möglichkeit schöne Ausblicke frei und integrieren sie so die Umgebung. Auch das Leben gewinnt so an Weite und Offenheit.

**3. Wo es Licht gibt, gibt es auch Schatten – wie darauf Einfluss nehmen?**

Nach den Prinzipien von Yin und Yang soll und muss es im Garten auch Schattenbereiche geben. An den Rand solcher »Yin-Reviere« passt ganz hervorragend ein Sitzstein oder eine gemütliche Bank, von der aus Sie den Blick in den Garten genießen können.
Als Gegenpol zu den Schattenzonen braucht der Garten auch genügend Offenheit. Wenn nämlich ein Großteil der Fläche zuwächst oder verwildert, wird das Chi im »Dornröschenschlaf« versinken und nur wenig anregende Ausstrahlung entwickeln.

**4. Gibt es Richtlinien, wie man den Garten bepflanzen sollte?**

Schaffen Sie ein freies Zentrum, und lassen Sie auch die wichtigen Blickachsen, etwa vor dem Wohnzimmerfenster, offen. Das harmonische Wechselspiel von Sonne und Schatten sorgt für eine angenehme Stimmung die zum Verweilen, zum Feiern und kreativen Entspannen einlädt. An dieser Stelle sollten Sie sich auch überlegen, ob es Pflanzen gibt, zu denen Sie eine besondere Beziehung haben, die Sie gerne um sich herum haben würden. Überlegen Sie auch, ob es in Ihrem Garten Plätze gibt, die Sie gar nicht mögen und die Sie mit Hilfe von Pflanzen retuschieren würden.

**Frei tanzendes Chi**

Bedenken Sie bei allen Gestaltungen in Ihrem Garten, dass das Chi auch hier, wie in den Wohnräumen »Bewegungsfreiheit« benötigt. Dazu helfen folgende Tipps:

- Grundsätzlich gilt: Ein Feng-Shui-Garten ist vielfältig und abwechslungsreich gestaltet und beherbergt vorwiegend heimische Gehölze. In ihm ist auch Platz für ungestörte Naturrefugien, wo Rasenmäher und andere Störenfriede nichts zu suchen haben. Er berücksichtigt immergrüne Gehölze genauso wie Laub abwerfende. Die Wege verlaufen sanft fließend durch den Garten und das Zentrum bleibt frei. Dies gilt für Gärten jeder Größenordnung.
- Die Zugänge zum Gebäude und alle anderen Wege sollten frei und einladend sein. In den Weg ragende Pflanzen, speziell dornige Gewächse, müssen beschnitten werden, damit der freie Fluss des Chi nicht behindert wird.
- Direkt vor dem Eingang sollte kein Baum stehen, er kann wie eine Barriere wirken. Vor einen solchen Baum sollte man zur Harmonisierung eine einladende Sitzbank stellen oder ihn mit erfreulichen Dingen dekorieren. Erklären Sie Ihn zum »Freund und Wächter«.
- Dornenpflanzen (außer Rosen) sind eher für entferntere Bereiche geeignet; weiche, fließende Formen sind bevorzugt in der Nähe von Gehwegen anzusiedeln.
- Immergrüne Pflanzen symbolisieren Langlebigkeit und Kontinuität, während Laub abwerfende Gehölze für Veränderung und Umwandlung stehen. Daher sollten beide Kategorien in einem Garten vertreten sein.
- Zu hohe Hecken könnten wie eine Mauer wirken. Wenn Sie sich zunehmend isoliert fühlen und das Leben mehr und mehr an Ihnen vorbeiläuft, ist es für einen Heckenschnitt höchste Zeit.
- Baumstümpfe sollten immer ausgegraben werden. Gleiches gilt für abgestorbene Bäume, welche Verfall und Stagnation symbolisieren. Dies hat im Wohnumfeld nichts zu suchen.
- Stehen Bäume zu nah am Haus, leidet der Chi-Fluss.
- Hausbewuchs wie Efeu oder Wilder Wein kann die Energie des Gebäudes positiv beeinflussen, sofern keine Fenster, Durchgänge oder Türen verdeckt werden. Allerdings gilt dies nur, wenn die Bewohner damit einverstanden sind. Bei persönlicher Abneigung gegen den Bewuchs kann die Wirkung, wie bei allen guten Dingen, gegenteilig sein.
- Kompostierung erhöht die Bodenfruchtbarkeit und ist ein wertvoller Beitrag zur Kreislaufwirtschaft. Allerdings sollte der Kompostplatz möglichst nicht in der Zone des »Reichtums« liegen. Jede andere Zone ist besser geeignet. Gute Pflege ist beson-

## Weitere Gestaltungsmittel   PRAXIS

ders wichtig, sinnvoll auch eine freundliche und schützende Umpflanzung.

**Weitere Gestaltungsmittel**

- Wasser ist das Lebenselement schlechthin. Es zählt zu den wichtigsten Elementen eines Feng-Shui-Gartens, da es Energie sammeln und in Fluss halten kann. Die Gestaltungsmöglichkeiten sind vielfältig. Als Teich, kleiner Bachlauf, Quellstein, Brunnen oder Vogelbad belebt es den Garten. Wichtig ist, dass das Wasser sauber und klar ist.
- Duftende Rosenbögen, bewachsene Pergolas sind belebte Durchgangsschleusen und lauschige Lauben schaffen eine starke Vitalzone. Darunter durchzugehen oder sich dort hinzusetzen wirkt heilend auf Geist, Seele und Körper. Es ist, wie durch einen harmonisierenden Filter zu gehen und sich dabei aufzuladen. In offen einsichtigen Gärten bietet eine üppig bewachsene Laube auch Sichtschutz und Intimität.
- Eine stimmungsvolle Beleuchtung der idealerweise geschwungenen Wege ermöglicht, den Garten auch bei Dunkelheit zu nutzen.
- Machen Sie Ihren Feng-Shui-Garten auch zu einem Erlebnis für die Sinne. Abwechslungsreiche, farbenprächtige Gestaltung schmeichelt dem Auge, das Murmeln des Quellsteines, Vogelgezwitscher oder ein Klangspiel sorgt für eine angenehme Klangkulisse, Kräuter und Blüten duften betörend, Rindenstücke, Steine, Wurzeln, Kies und andere Naturmaterialien verführen zum Anfassen und Betasten, Beeren und Früchte sorgen für Gaumenfreuden.
- Erfreuliche Accessoires dürfen in einem Feng-Shui-Garten ebenso nicht fehlen. Tonkrüge, Terrakottatöpfe, bunte Gartenkugeln, Windräder, Sonnenschirme, Steine, Klangstäbe, Figuren und andere kreative Blickfänge machen den Garten erst so richtig schön.

> Spricht ein Garten alle Sinne an, dann ist er optimal gestaltet.

## »Gute Geister« zu sich einladen

Um Gebäude oder einzelne Räume von energetischen »Altlasten« (siehe Seite 60f.) zu reinigen, gibt es verschiedene Methoden. Neben der bereits beschriebenen Reinigung (siehe Seite 66f.) verwendete man traditionell in unseren Breiten Weihrauch und räucherte damit die neuen Räume vor dem Einzug.

> Eine Weihrauch-Räucherung erhöht und verfeinert damit die Schwingung im Raum. Sie befreit auch von unangenehmen Gerüchen, und sie klärt die Atmosphäre, wenn in Räumen gestritten wurde oder wenn in Krankenzimmern, Warte- oder Prüfungsräumen viele Menschen ihre Sorgen hängengelassen haben. Ein Räucherstövchen mit einer speziellen Weihrauchharzmischung wird dazu durch die Wohnung getragen (Bezugsquelle, siehe Seite 122).

> Sie können auch mit Salbei ein Zimmer räuchern: Binden Sie getrocknete Salbeizweige, eventuell ergänzt mit Wacholder- und Rosmarinzweigen, mit einem Baumwollfaden fest zu einem 15 bis 20 cm langen Stab zusammen. Brennen Sie ihn kurz an, und blasen Sie ihn dann sanft aus. Während er glüht und seinen duftenden Rauch verströmt, gehen Sie mit ihm durch die Räume.

> Am wirksamsten sind Hausreinigungen mit Klang: Dazu durchwandern Sie Ihre Wohnung, während Sie Glocken oder Zimbeln ertönen lassen – so lange, bis der Klang im Raum hell und klar wirkt.

> Eine regelmäßige Gabe Rosenöl im Reinigungswasser (siehe Seite 66) hilft, die hohe Schwingung zu bewahren.

## Fehlbereiche des Bagua stärken

Wenn das Bagua Ihrer Wohnung nicht vollständig ist (siehe Seite 46ff.), können Sie diese Fehlbereiche auf drei Arten ausgleichen:

> Direkt im Fehlbereich außen, wenn Sie glücklicher Besitzer eines Gartens sind: Befestigen Sie im Schnittpunkt der Bagua-Ecke eine strahlende Lampe, pflanzen Sie dort einen Busch oder einen Baum, oder platzieren Sie dort eine gesunde Pflanze in einem stabilen Gefäß. Auch ein Klangspiel in dieser Ecke oder eine Rosenkugel können den Punkt beleben.

> Sie können den Fehlbereich auch von Innen ausgleichen. Regenbogenkristalle in den Fenstern oder ein Spiegel, der optisch die Wand nach außen öffnet, sind geeignete Hilfsmittel.

> Da auch jeder einzelne Raum innerhalb der Wohnung ein eigenes Bagua aufweist, kann ersatzweise die Bagua-

# Fehlbereiche des Bagua stärken  PRAXIS

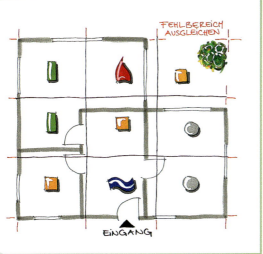

Fehlbereiche können mit einfachen Mitteln ausgeglichen werden.

## Die Aufteilung der Bagua-Zonen

Es ist naheliegend anzunehmen, dass die neun Bagua-Zonen der Wohnung nicht exakt mit den Größen der einzelnen Räume übereinstimmen.
Es kann daher Räume geben, welche von zwei, drei oder mehr Bagua-Zonen berührt werden (siehe Abbildung unten). Dies ändert nichts an der Wirksamkeit des jeweiligen Bagua-Bereichs. Wenn jedoch ein Bereich des Baguas von mehreren Mauern durchtrennt wird oder wenn dort Abstellräume, WC's oder selten genutzte Räume liegen und auch natürliches Licht Mangelware ist, dann ist stagnierende Energie zu erwarten. Diese Zone kann – ähnlich einem Fehlbereich – als geschwächt gesehen werden.

zone eines beliebigen Wohnraumes aktiviert werden. Fehlt beispielsweise die Zone »Partnerschaft« in Ihrer Wohnung, so könnten Sie die Partnerecke des Schlafzimmers besonders liebevoll gestalten und damit für die gesamte Wohnung beleben.
Zum Harmonisieren der Bagua-Bereiche eignen sich nur aktiv genutzte Lebensräume, wie Schlaf-, Wohn-, Ess- und Arbeitszimmer und Küche. In Kinderzimmern sollte nur vorsichtig belebt werden, am besten die Zone »Kinder«. In untergeordneten Bereichen, wie Abstellräumen, Badezimmern, WC's oder Schrankräumen sollten Sie grundsätzlich keine Fehlzonen aktivieren.

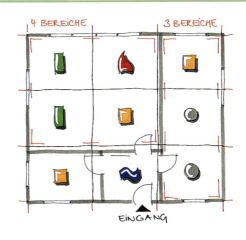

Das große Wohnzimmer deckt gleich vier Baguazonen ab.

# VON AUSSEN NACH INNEN

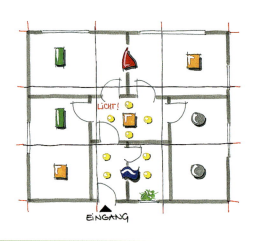

Flure und Nebenräume sollten mit Extra-Licht »gestärkt« werden.

Bringen Sie Leben in die Problemzone, indem Sie Pflanzen dort aufstellen, die Räume öfters bewusst aufsuchen, die Beleuchtung verbessern oder einfach eine neue Nutzung vorsehen.
In solchen Räumen sollten keine einzelnen Zonen aktiviert, sondern nur das Energiepotenzial des gesamten Raums gestärkt werden.

## Willkommen daheim!

### Der Zugang des Chi: Wege und Zufahrten

Bereits der Eingang des Grundstücks sollte dem Eintretenden ein aufbauendes Gefühl vermitteln.

> Der Weg zur Haustür verläuft am besten leicht geschwungen. Eine gute Pflasterung vermittelt Stabilität, und die freundliche Begleitbepflanzung tut das ihrige (siehe Seite 90). Positiv sind auch in regelmäßigen Abständen entlang des Wegs angebrachte Gartenleuchten. Diese sorgen für Übersicht während der Nachtstunden und aktivieren Ihre »Nabelschnur« zur Außenwelt.

> Lose Steine im Gehweg oder auch wackelige Stufen sind üblicherweise Hinweise auf eine instabile Lebenssituation. Selbst abgerutschte Hänge mit entsprechend »schräger Aufstiegshaltung« kommen gelegentlich vor. So etwas sollte sofort repariert werden, da Sie ansonsten täglich »wackelig« in die Welt schreiten und aus ihr zurückkehren. Das kann auf Dauer nicht günstig für Ihr Unterbewusstes sein.

> Gönnen Sie sich einen rutschfesten Untergrund, damit Sie auch bei feuchtem Wetter sicher durchs Leben schreiten können.

### Die Mülltonne vor dem Eingang

Sicher ist es praktisch, die Tonne gleich beim Eingang zu platzieren, aber hat bei diesem Anblick Ihr »inneres Gespür« nicht oft schon Bedenken angemeldet? Die Tonne enthält in ihrem Inneren viel Unrat und Abfall, der entsprechend negative Schwingungen aussendet. Was an ei-

nem heißen Sommertag oft als Geruchsbelästigung wahrgenommen wird, ist ständig subtil präsent: die Energie des Wegwerfens und Verwesen – und das alles »empfängt« jeden, der daran vorbeigeht oder hinschaut!
Suchen Sie soweit möglich einen anderen Standort. Am besten einige Meter weg von Eingang oder Fenstern. Bedenken Sie dabei aber auch den Anblick von der Straße her, denn was man von Ihnen hält, wird auch davon beeinflusst, wie man Sie und Ihr Haus von außen wahrnimmt...
Sorgen Sie daher regelmäßig für Sauberkeit der Tonne wie auch ihres Standplatzes.
Wenn kein neuer Standort in Frage kommt, hilft nur tarnen. Ein schöner Holzverschlag wird von dem Container ablenken. Besonders empfehle ich eine Begrünung mit Pflanzen, weil diese nicht nur optisch die Tonne verschwinden lassen, sondern auch deren energetische Ausstrahlung dämpft. Gleichermaßen wirkungsvoll wäre es, wenn Sie Ihre Tonne ganz einfach mit einer kleinen Hecke umgeben.

## Der Hauseingang

Das Gefühl beim Betreten des Hauses entscheidet, welchen ersten Energieschub Sie oder Ihr Gast bekommen.
Da bereits der Eindruck vor der Tür prägt, ist der Eingang besonders wichtig.

### WAS TUN BEI SHA-CHI?

Sha-Energie (siehe Seite 26) sollte immer gebremst oder umgewandelt werden.
> Wenn die Hauskante oder die Dachlinie Ihres Nachbarn bei Ihnen ins Haus Schneidendes Chi »schießt«, dann können dazwischengepflanzte Bäume oder Sträucher für Abhilfe sorgen. Auch hohe Hecken können die eindringende Energie des Nachbarn abschotten.
> Damit aggressive Sha-Energie von Leitungen, Kanälen oder Straßen und anderem (siehe Seite 63) keinen Schaden anrichten kann, sollten die Eingangstür und die Fenster vor diesen »Angriffen« geschützt werden: Viele Menschen verwenden ganz instinktiv Türkränze, Glückssprüche, Dreikönigszeichen, Rosenkugeln oder Steinlöwen im Außenbereich, um das Haus vor Schaden zu bewahren.

> Der Hauseingang sollte als solcher klar erkennbar sein und in Größe und Erscheinung dem Gebäude entsprechen. Idealerweise wird die Türe nach innen geöffnet, was einladender wirkt, als wenn man einen Schritt zurücktreten muss.

- Wussten Sie, dass spitze Kanten, vor allem, wenn man darauf zulaufen muss, sehr irritierend wirken können? Immer häufiger findet man neuerdings Vordächer, die mit spitzer Kante genau auf den Zugangsweg zielen. Die Gestaltung des Hauseingangs ist – bei Mehrfamilienhäusern oder Wohnungen des privaten Wohnungseingangs – ausgesprochen wichtig. Dieser fungiert gewissermaßen als »Mund«, durch den viele Energien in den Wohnbereich gelangen.
- Der Türkranz ist Relikt einer uralten Tradition und wird in der Mitte des Eingangs befestigt; heute ist er nicht zu Unrecht wieder sehr beliebt: seine kreisrunde Form symbolisiert den »ewigen Energiefluss«, und sein lebendiges Grün vermittelt Frische und Vitalität. Daher wirkt er als harmonisierender Willkommensgruß. Verwenden Sie aber einen Kranz aus immergrünen Zweigen und mit vielen haltbaren, bunten Früchten und Blüten. Wechseln Sie ihn aus, sobald er einen vertrockneten Eindruck macht.
- Sehr wirkungsvoll ist auch das »Stärken« der Eingangstür mit einem halbrunden Fußabstreifer. Dieser schafft einen harmonisierenden »Vorplatz« und lässt die Energie harmonischer fließen. Zudem verteilt er besonders starke äußere Einflüsse dosiert in die Umgebung. So nebenbei unterstützt er auch noch Ihre positive Ausstrahlung; Nachbarn oder Gäste werden ein besonders sympathisches Bild von Ihnen erhalten.
- Erfreuliche Accessoires wie eine strahlende Sonne aus Messing oder Keramik helfen, dem Eingang zusätzlich Frische und Lebendigkeit zu vermitteln. Ideal sind auch Hilfsmittel, die reflektieren können, wie der klassische Messing-Türklopfer, die eine schützende und Sha-reflektierende Wirkung haben.
- Einer Beleuchtung dient als Wegweiser und Orientierungshilfe. Dies ist gerade beim Hauseingang von besonderer Bedeutung. Die Beleuchtung ist nur dann effizient, wenn das Namensschild lesbar, das Schlüsselloch gut sichtbar und der Gast vom Hausinnern her problemlos zu erkennen ist.

## Das Entrée

Selbst das kleinste Vorzimmer oder ein Windfang lässt sich mit geringem Aufwand gut in Szene setzen.

- Wichtig ist, dass der Raum nicht überladen und unordentlich wirkt: Schuhe und Kleidung sollten in einem Schrank verschwinden.
- Je enger der Vorraum, um so wichtiger, dass der Energiefluss nicht blockiert wird. Möbelkanten sollten abgerundet sein, und mittels Spiegeln oder Bildern kann der Eindruck von Weite und Offenheit erzeugt werden.

## Der erste Raum — PRAXIS

- Wenn die Eingangstür direkt gegen eine Wand öffnet, symbolisiert das Begrenzung. Auch hier hilft ein Spiegel oder ein Bild mit Tiefe.
- Achten Sie auf gute Beleuchtung. Beispielsweise werfen mehrere Spots gezieltes Licht auf Garderobe, Spiegel und Telefonablage und verleihen Bildern einen stimmungsvollen Rahmen.

## Der erste Raum

Das Zimmer, das – nach dem Vorraum – als erstes in Ihr Bewusstsein kommt, prägt Sie besonders. Wenn Sie diese Wirkung abschwächen wollen, sollten Sie dessen Tür geschlossen halten und daran außen in Blickhöhe einen kleinen Spiegel oder einen glänzenden Gegenstand befestigen, der das Chi zurückspiegelt.

- Der erste Blick sollte nicht auf Bad oder WC fallen, da dies gesundheitliche oder finanzielle Probleme verursachen könnte (siehe Seite 116f.).
- Ist es Küche oder Esszimmer, wird das Thema Ernährung sehr wichtig in Ihrem Leben – etwa als sehr bewusste Ernährung, aufwendiges Kochen, häufige Gästebewirtung, oder als zwanghaftes Essen mit einhergehenden Gewichtsproblemen.
- Vermittelt das Schlafzimmer den ersten Eindruck, so kann sich im Laufe der Zeit eine latente Müdigkeit und Ruhebedürftigkeit entwickeln.
- Das Arbeitszimmer lässt eher darauf schließen, dass Sie übermäßig viel Zeit mit Arbeit verbringen. Dies ist eine mögliche Workholic-Konstellation.
- Das Gästezimmer deutet auf starke Außenorientierung hin, dass Sie sich zu sehr nach der Meinung anderer richten.
- Ideal ist das Wohnzimmer als erster prägender Raum, da es Gemütlichkeit und Offenheit repräsentiert und zu Entspannung einlädt.

### TEPPICHE LENKEN ENERGIE

- Ob Teppich, Holz- oder Fliesenboden: Achten Sie auf die Verlegerichtung, denn Muster lenken den Energiefluss. In einem schmalen, langen Gang würde ein längsgestreifter Läufer das Sha-Chi noch verstärken; deshalb ist hier eine quergelegte Musterung zu empfehlen. Sie beruhigt den Energiefluss und versorgt die seitlichen Räume besser mit Energie.
- Wichtig ist auch die Webrichtung von Teppichen, vor allem bei manuell gefertigten mit längerem Flor. Es ruft eine innere Abwehr hervor, in einen Raum hinein gegen den Strich zu laufen. Um die Webrichtung festzustellen: Wenn Sie längs über den Teppich streichen, legen sich die Fäden um; gegen den Strich stellen sie sich auf.

TIPP

# Die Wohnung zum Wohlfühlen

## Das erholsame Schlafzimmer

Ein gutes Drittel Ihres Lebens verbringen Sie im Bett. Daher ist das Schlafzimmer der wohl wichtigste Raum Ihrer Wohnung. Hier wollen Sie sich von den Strapazen des Alltags erholen, und hier tanken Sie Ihre Lebensbatterie wieder voll.

> Als Yin-Raum sollte es kleiner sein als das Yang-Wohnzimmer.
> Als Raum der Ruhe und des Rückzugs sollte es soweit wie möglich vom Haupteingang entfernt liegen und auch nicht an Bad oder WC grenzen. Dies könnte einerseits die Ruhe und Behaglichkeit des Schlafs stören (Geräusche von anderen), andererseits auf Dauer wegen der nahen Wasserenergie zu gesundheitlichen Schwächen führen.
> Eine harmonische Gestaltung des Raums unterstützt die Schlafqualität.

### Das Bett

Wichtig ist es, dass das Bett so gut wie möglich am »Ort der höchsten Harmo-

## Das erholsame Schlafzimmer — PRAXIS

nie« steht. Dieser Kraftplatz des Raums (siehe Seite 69) vermittelt Sicherheit und verhilft Ihnen dadurch zu völliger Entspannung.

> Das Bett sollte so weit wie möglich von der Schlafzimmertür und vom Fenster entfernt sein. Am besten steht es so, dass der Kopfteil an einer geschlossenen Wand liegt und Sie den Raum überblicken können.

> Es sollte nicht zwischen Tür und Fenster stehen. Schließlich schläft niemand gerne in einer »Energieautobahn«. Die Folgen wären Schlaflosigkeit, Alpträume und morgendliche Zerschlagenheit. Vorwiegend betroffen davon wäre besonders jener Bettplatz, der näher an der Tür liegt.
In einer solchen Situation lässt sich Abhilfe durch einen Raumteiler schaffen. Dafür würde sich beispielsweise ein halbhohes Bücherregal anbieten, ein Paravent oder einfach ein am Abend vorzuziehender Vorhang. Auch ein Regenbogenkristall unter der Decke zwischen Tür und Bett wäre eine Lösung.

> Wenn Sie hinter sich ein Fenster haben, sollten Sie dieses während des Schlafs mittels Vorhängen oder Rollläden schließen. Ansonsten wäre Ihr Rücken ungeschützt, was eher zu Verkrampfung als zu Entspannung führen würde (siehe auch Kraftplatz, Seite 69).

> Wenn Ihr Bett schräg im Raum steht, so sollten Sie das dahinter entstehende Dreieck verbauen. Der ungenutzte offene Bereich würde Unruhe und Instabilität in Ihr Leben bringen.

### Weitere Möbel

> Ziehen Sie Möbel mit abgerundeten Ecken vor. Oder verhängen Sie zumin-

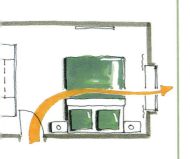
Sha-»Energieautobahn«.

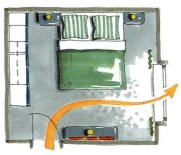
Optimaler Stand des Bettes.

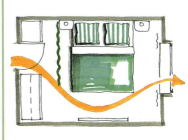
Hier wird der Chi-Fluss sinnvoll gelenkt.

# DIE WOHNUNG ZUM WOHLFÜHLEN

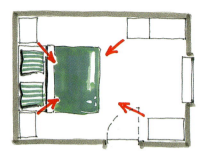

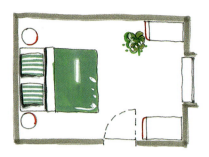

> Scharfe Kanten stören.

> Abgerundete Kanten sorgen für Harmonie.

dest die scharfen Kanten des Nachtkästchens mit einem Zierdeckchen, stellen vor bettnahe Mauer- oder Schrankecken eine Pflanze – die »Geheimen Pfeile« scharfer Kanten könnten sonst den Schlaf stören (siehe Seite 26).

> Schlafzimmermöbel dürfen den Raum nicht ersticken. Sie sollten deshalb eine helle Farbe haben und nicht zu nahe am Bett stehen.

> Einbauschränke behindern das menschliche Bedürfnis nach Veränderung und blockieren oftmals die besten Raumzonen. Wer wenige – und bewegliche – Möbel im Zimmer hat, ist aus Feng-Shui-Sicht besser dran.

> Ein begehbarer Schrank stellt einen eigenen Raum dar (Bagua). Er darf nicht zur Rumpelkammer verkommen, sollte gut beleuchtet sein und regelmäßig gelüftet werden. Empfehlenswert sind Lavendel- und andere natürliche Duftstoffe und Maßnahmen, die das Chi bewegen, etwa ein Mobile.

**Stör-Energien**

> Vermeiden Sie Spiegel in Schlafzimmern. Sehr oft sind diese die Ursache für Schlafprobleme, weil sie Stör-Energien verstärken. Ein probeweises Zuhängen der Spiegel während der Nacht kann Aufschluss darüber geben, ob die Störung tatsächlich von diesem ausging.

> Wenn Sie allerdings die Tür von Ihrer Schlafposition aus nicht überblicken können, dann kann ein an der richtigen Stelle angebrachter kleiner Spiegel Ihnen die notwendige Kontrolle verschaffen. Hier kann also ein kleines Übel (Spiegel) in Kauf genommen werden, um ein größeres Problem (Unsicherheit) zu beseitigen.

> Radiowecker mit LCD-Leuchtziffern können extreme Belastungen verursachen. Besser wäre es, den unmittelbaren Schlafbereich so störungs- und stromfrei wie möglich zu halten (siehe Seite 67f.).

**Farben und Bilder** PRAXIS

- Wenn Sie schon nicht auf Ihren Fernseher im Schlafzimmer verzichten möchten, dann halten Sie den Abstand so groß wie möglich und verwenden ein eher kleineres Gerät. Lassen Sie es nachts in einem Schrank verschwinden, oder ziehen Sie den Stecker. Achten Sie vor allem darauf, dass im Nebenzimmer niemand an der Wand zum Fernseher schläft.
- Die Zone über dem Bett sollte so frei wie möglich von Belastungen sein. Schwere Lampen über Ihrem Körper, oder ein Bücherregal über dem Kopf verursachen Druck und Spannung und gehören schleunigst entfernt.
- Balken, die über Ihrem Bett aus der Decke ragen, können wie Wasseradern zu gesundheitlichen oder emotionalen Störungen führen. Verkleiden Sie die Balken mit einer Zwischendecke (auch Stoff tut's), oder realisieren Sie den Traum vom »Himmelbett«. In diesem schaffen Sie sich Ihre eigene Höhle, und die Balken verschwinden aus Ihrem Bewusstsein.

## Farben und Bilder

Auch die Farben des Raums wirken sich auf die Qualität des Schlafs aus.

- Sehr dynamische Farbtöne wie Rot, Orange oder Gelb (siehe Seite 81) können einerseits mehr Abwechslung ins Schlafzimmer bringen, andererseits jedoch wird in einem derart stark geladenen Umfeld ein erholsamer Schlaf eher erschwert.
- Ihr idealer Schlafraum sollte genügend Yin-Qualitäten aufweisen (siehe Seite 30ff.), schließlich wollen Sie sich hier voll Vertrauen »öffnen« können, um zu regenerieren. Entscheiden Sie sich für warme und harmonisierende Farbtöne und wählen Sie Muster mit beruhigender Schwingung. Obwohl Blau beruhigend wirkt, sollte ein flächendeckendes Dunkelblau vermieden werden, weil es den Raum subjektiv kühler macht.

Besonders wichtig ist auch die Wahl der richtigen Bilder. Denn sie beeinflussen Ihr Umfeld bei Tag und bei Nacht – wählen Sie deshalb sorgsam aus!

- Belastende Motive, beispielsweise Bilder vom sterbenden Wald, das Foto eines ungeliebten Vorfahren oder eine depressive Nebellandschaft können nachhaltig die Stimmung und somit das Wohlergehen beeinflussen. Manchmal können aber auch besonders »heile« Motive wie Heiligenbilder ein Zuviel des Guten bewirken und die freie persönliche Entfaltung blockieren, insbesondere im sexuellen Bereich.
- Nur solche Bilder sollten daher in Ihren Intimbereich gelangen, zu denen Sie und Ihr Partner persönlich ein gutes Gefühl haben und deren Energie Sie aufbaut.

101

### Pflanzen

Pflanzen im Schlafzimmer stellen ein eigenes Thema dar. Da sie Leben und Gedeihen symbolisieren, bereichern sie unser Umfeld enorm, dennoch ist nicht jeder Raum gleich gut für Pflanzen geeignet. Als grüne Lungen erzeugen sie während der Tageszeit Sauerstoff, doch des Nachts verhält es sich umgekehrt und sie werden zu Verbrauchern.

> In kleinen, schlecht belüfteten Schlafräumen sollten nicht allzu viele Pflanzen stehen, weil sie an unserem Luftvorrat mitnaschen.

### Die Partnerecke

Auf diese sollten Sie im Schlafzimmer besonders achten. Sie liegt rechts hinten vom Eingang aus gesehen und ist meist mit Büchern, Kartons oder der Bügelwäsche vollgeräumt.
Schaffen Sie sich dort einen Platz der besonderen Art, in den Sie symbolisch jene Qualitäten bringen, die für Sie eine gelungene Partnerschaft beschreiben.

> Eine wirklich klare Botschaft geben Gegenstände, die Sie selbst als außergewöhnlich und sehr symbolstark empfinden (siehe Seite 85). Wieviel gutes Chi haftet selbst an einem unscheinbaren Kieselstein, wenn er Sie an eine romantische Liebesnacht an einem griechischen Strand erinnert?!

> Wenn Sie es mit Pflanzen versuchen, dann sollten sie besonders gesund sein und idealerweise sogar blühen – so, wie Ihre Beziehung. Rot und Rosa sind dafür bestens geeignete Farben. Sollte Ihre Partnerecke vorwiegend mit Kakteen dekoriert sein, dürfen Sie sich nicht wundern, wenn die Kontakte zu anderen Menschen eher unpersönlich sind und sogar ein bisschen »stachelig« verlaufen.

> Ideale Partnerlösungen sind neben gutem Licht (»Strahlen und Freude«) auch paarige Gegenstände. Entfernen Sie besser das Bild des einsamen Baumes, und ersetzen Sie es durch ein Motiv der Gemeinsamkeit (siehe Seite 47).

## Die nährende Qualität der Küche

Die Küche ist neben dem Schlafzimmer der zweitwichtigste Raum einer Wohnung. Schließlich wird hier die Nahrung bereitet, die mit ihrer Qualität und Schwingung die Familienmitglieder aufbauen und gesund erhalten soll.
Generell ist ausreichend Platz und Bewegungsraum in der Küche besonders wichtig. Nur wenn Sie sich frei und uneingeschränkt fühlen, wird die von Ihnen produzierte Nahrung auch die Ausstrahlung von Freiheit annehmen können. Halten Sie daher die Arbeitsumgebung so frei wie möglich , und sorgen Sie für genügend Abstellflächen, um sich beim Kochen unbeschwert entfalten zu können.

## Die nährende Qualität der Küche — PRAXIS

- Falls möglich, sollten nicht alle Wandflächen mit Schränken verbaut werden. Beim Kochen ständig mit dem Kopf vor Schränken zu stehen, wirkt wie das sprichwörtliche »Brett vor dem Kopf«. Das hemmt die Kreativität und blockiert die duftige Atmosphäre der Küche unnötig. Daher sollten auch Dunstabzüge nur dort eingesetzt werden, wo sie unbedingt nötig sind. Bei einer Neuinstallation wählen Sie eher kleine, abgerundete und unauffällige Dunstabzüge. Und wechseln bzw. reinigen Sie die Filter auch regelmäßig.

- Gerade Möbelkanten regen die linkshemisphärische (aus der linken Gehirnhälfte stammende), lineare, logische Gehirnaktivität an, während weiche und runde, geschwungene Formen für rechtshemisphärische, kreative Energien sorgen. Eine ideale Küche integriert beide Formen. »Schneidendes Chi« von aggressiven Möbelkanten sollten Sie überall dort vermeiden, wo sich die Bewohner nahe daran vorbeibewegen müssen oder wo unmittelbar davor gesessen oder gearbeitet wird. Die Kanten von exponierten Schränken und Kästchen sollten abgeschrägt oder gerundet sein.

- Auch die Arbeitshöhe sollte bedacht werden, denn das optimale Chi fließt nur bei gerader und aufrechter Wirbelsäule durch Ihren Körper. Bestehen Sie daher auf höhere Arbeitsflächen, wenn es Ihre Körpergröße erfordert.

Für viele Menschen ist die Küche der eigentlich zentrale Ort in der Wohnung.

## DIE WOHNUNG ZUM WOHLFÜHLEN

### Der Herd

Vor allem ist die Position des Herdes zu betrachten. Im alten China wurde mit komplizierten Methoden errechnet, in welcher Himmelrichtung dieser zu stehen hatte. Es ist der »feurige Prozess«, der die Nahrung beim Kochen auf dem Herd verwandelt. Dieser Vorgang verändert die Struktur des Essens grundlegend, deshalb beeinflusst er auch mehr als alles andere die Wirkung der Nahrung im Körper (siehe Buchtipp, Seite 122).

Wer auch immer in einer Familie kocht, sollte sich so gut und sicher wie möglich fühlen, denn dann werden die Schwingungen, die er oder sie ins Essen hineinsendet, auch aufbauende und stärkende Qualitäten haben. »Liebe geht durch den Magen« – umgekehrt werden Menschen mit schlechter Laune ihren Frust in die Nahrung hineinprojezieren. Nicht nur die allgemeine Stimmungslage beeinflusst die Wirkung der Speisen, sondern auch, ob Sie sich beim Kochen sicher und geschützt oder in gewisser Weise ausgeliefert fühlen.

> Deshalb sollte der Herd so im Raum stehen, dass Sie die Küche überblicken können. Wenn Sie hinter sich auch noch eine geschlossene Wand haben, dann wirken Sie aus einer Position der Stärke und Zentriertheit heraus. Das Essen wird nicht nur anders schmecken, sondern auch bessere feinstoffliche Qualitäten aufweisen. Dies bringt Harmonie und Stabilität in eine Familie und ist von allergrößter Wichtigkeit. Wo bleibt diese Eigenschaft bei schnell aufgewärmter Tiefkühl- oder Dosenkost?

> Herde, an denen Sie mit dem Rücken zur Tür arbeiten müssen, können durch einen Spiegel (an der Wand hinter dem Herd) oder durch ein zartes Windspiel an der Küchentür stabilisiert werden. Der Spiegel zeigt die Tür und somit jede potenzielle Überraschung, während der vom Windspiel erzeugte Klang hörbar informiert, falls jemand den Raum betritt.

> Herd und Spüle – also Feuer und Wasser – sollten nicht unmittelbar nebeneinander stehen. Sonst löscht das Wasser die Energie des Herdes, was zu Geldproblemen oder gesundheitlichen Schwächen führen könnte. Bringen Sie gezielt ein Stück Holz zwischen die beiden »Streithähne«, indem Sie einen Ziergegenstand oder beispielsweise einen hölzernen Kochlöffel an der Wand montieren.

Auch der Eisschrank, die Gefriertruhe und die Waschmaschine repräsentieren das Element Wasser und sollten vom Herd bewusst getrennt werden.

> Wenn das Fenster in der Nähe der Kochstelle ist, kann direkt entlüftet werden. Das ist harmonischer und energetisch sinnvoller als der Einsatz

## Die nährende Qualität der Küche  PRAXIS

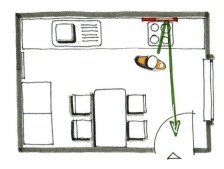

> Sicher vor Überraschungen, dank eines Spiegels.

> Trennen der Elemente Wasser und Feuer.

von Dunstabzugshauben: Abgesehen vom Lärm, behindert alles Schwere, Massive über dem Herd – auch Balken – dessen aufsteigendes Chi und das der davorstehenden Person.

### Licht und Farbe

Küchen sollten geräumig, hell und gut durchlüftet sein. Die Koch- und Arbeitsstellen sollten besonders gut beleuchtet sein. So brauchen etwa Arbeitsstellen unter Hängeschränken Extralicht. Die Farbgebung in der Küche sollte Menschen als auch in der Folge die Nahrung warm und inspirierend unterstützen. Eine Küche, die überwiegend in Grautönen, schwarz oder anderen dunklen Farben gehalten ist, würde den Raum unnötig schwer und düster erscheinen lassen.

> Helle Farben wie Gelb und kräftige Erdtöne laden die Nahrung mit mehr freundlicher und lebensförderlicher Energie. Auch ein leicht abgetöntes Weiß ist eine gute Küchenfarbe, weil sie für Reinheit und Klarheit steht.

> Vor Rot in der Küche wird im Feng Shui gewarnt, weil es das »Feuer« des Herdes zusätzlich verstärken würde, was Stress und Unruhe provoziert. Wie überall gilt es aber auch hier, dass immer die Dosis den Ausschlag gibt. Je nachdem, wie hell, dynamisch und Yang-betont die Küche insgesamt wirkt, darf entweder mehr oder nur sehr wenig Rot vorkommen.

> Wenn die Sichtflächen Ihrer Küchenmöbel eine besonders auffällige Farbe haben, sollten zum Ausgleich die Wände und Decke eher weiß bleiben. Dunkles Blau (Element Wasser) ist großflächig für die Kücheneinrichtung oder als Wandfarbe nur sehr bedingt geeignet, und wenn, dann noch am ehesten im Kombination mit Metall (wirkt eher zurückhaltend und kühl) oder Holz kombiniert.

## Essplatz – stressfreie Zone

Ideal ist es, wenn der Weg von der Kochstelle zum Essplatz nicht weit ist – deshalb bietet sich die gute alte Wohnküche als die empfehlenswerteste Alltagslösung an. Sie ist meist praktischer und auch gemütlicher als entferntere, »repräsentative« Esszimmer, die letztlich nur bei Gästebesuch genutzt werden und da oft ein Gefühl von Steifheit hinterlassen.

> Wenn Sie aber ein Esszimmer haben, dann sollte es praktischerweise gleich neben der Küche liegen.

> Ist der Essplatz im Wohnzimmer, sollte er räumlich vom Wohnbereich getrennt werden, etwa durch ein Möbelstück, eine Pflanze oder ein Klangspiel. Ansonsten verschmilzt der Bereich des Essens zu sehr mit dem des Wohnens. Man könnte dadurch in die Rolle des »Daueressers« kommen, beziehungsweise über Gebühr mit Essen beschäftigt sein.

> Die Ausstrahlung des Bereichs, in dem gegessen wird, beeinflusst die Familie täglich aufs Neue, nämlich bei einer jeden Mahlzeit. Richten Sie den Essplatz daher so ein, dass er Harmonie und Wohlgefühl vermittelt und nicht vom Essen ablenkt. Daher sind Dekorationsgegenstände oder Bilder, die Stress oder Spannung erzeugen, unbedingt zu vermeiden.

### Die Möblierung

> Seinem Zweck entsprechend sollte der Essplatz klar, aber anheimelnd wirken – weder zu nüchtern (Glas und Chrom), noch zu verspielt.

> Am wichtigsten ist der Tisch. Zu empfehlen sind alle geschlossenen Tischformen: rund, oval, quadratisch, rechteckig oder achteckig. Unsymmetrische oder unvollständige Tischformen wie Rechtecke mit angeschrägten Ecken wirken disharmonisch und führen immer wieder mal zu Streit. Eine einfache Tischdecke kann hier bereits abhelfen.

> Auf einem runden Tisch sollte etwas Eckiges, auf einem eckigen Tisch etwas Rundes in die Mitte gestellt werden – zum Beispiel kleine Blumenarrangements, eine Vase oder ein schöner Glasteller.

> Trennfugen von Ausziehtischen wirken tatsächlich trennend, das heißt, nicht eben kommunikationsfördernd. Auch hier schafft eine Tischdecke Abhilfe.

> Der Tisch sollte eine solide Platte haben. Ein Esstisch aus Glas oder Plexiglas wird immer den Eindruck vermitteln, als würden die Mahlzeiten »schweben«. Abgesehen davon, dass man an einem solchen Tisch auch immer die Beine der anderen Gäste sieht, was ablenken kann, führt dieses Schwebegefühl zu Unsicherheit und Irritation. Dadurch kann sich die Qualität des Essens nicht zur Gänze entfalten.

> Sich niederlassen können und wohl fühlen – dann genießt man auch das Essen.

## Freiraum Kinderzimmer

Die Herausforderungen in unserer schnelllebigen Zeit werden auch für Kinder immer größer. Um sie bestmöglich zu fördern – aber nicht zu überfordern –, bedarf es eines Umfelds, das Stabilität und Geborgenheit vermittelt. Wir dürfen niemals vergessen, dass es die frühen und stark prägenden Kindheitsjahre sind, die entscheidenden Einfluss darauf nehmen, wie sich ein Mensch im Leben entwickeln und verhalten wird. Sehr viel Gutes kann bereits durch die Wahl des richtigen Zimmers und die entsprechende Ausstattung getan werden.

### Raum und Möbel

> Kinderzimmer sind dann gut geeignet, wenn sie Sonnenlicht einfangen und vor allem genügend Bewegungsraum bieten. Daher sollten Ihre Kinder die größeren Schlafräume des Hauses bewohnen, denn anders als wir Erwachsenen verbringen sie dort auch tagsüber viel Zeit.

> Um ein optimistisches und aufrechtes Heranwachsen zu ermöglichen, sollte die Einrichtung des Kinderzimmers überwiegend aus hellen und leichten Möbeln bestehen. Die zarte Wesenheit eines Kindes würde durch schwere und dunkle Möbel in seiner Entwicklung

# DIE WOHNUNG ZUM WOHLFÜHLEN

behindert werden. Dies könnte sogar so weit führen, dass Kinder, die zu stark unter Einschränkung leiden (entweder durch die Möbel oder durch die Familiensituation), eher verletzungsanfällig werden und zu Knochenbrüchen neigen, weil sie unbewusst immer gegen das Gefühl der Beengung ankämpfen und dabei manchmal ihre Belastungsgrenze überschreiten.

› Die Kinderzone des Baguas befindet sich rechts in der Mitte vom Eingang aus gesehen. Wenn dort ein Schrank oder ein anderes massives Möbelstück steht, dann kann es sein, dass Ihr Kind zu Entwicklungsproblemen neigt. Besser wäre es, diesen Bereich so gut wie möglich frei zu lassen und ihn statt dessen mit Bildern oder anderen, dem Kind wohltuenden Gegenständen aufzuwerten.

› Das Bett sollte auf dem Kraftplatz des Raums stehen, also weit weg von Tür und Fenster, an einer geschlossenen Wand. Eine Dachschräge über dem Bett würde ähnlich bedrückend wirken wie ein Balken (siehe Seite 101).

› Der Wickeltisch kann näher an der Tür sein, da hier ein kurzfristiger, sehr aktiver Prozess stattfindet und das Kind ohnehin durch Mutter oder Vater geschützt wird.

› Elektronische Fremdeinflüsse durch Fernseher, Stereoanlage oder PC erzeugen Stress und sollten so lange wie möglich vom Zimmer ferngehalten werden.

### Der Lernplatz

› Der Schreibtisch sollte so platziert sein, dass er neben gutem Lichteinfall (siehe Seite 114) vor allem ein optimales Ge-

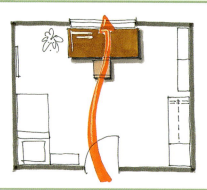

› Durchziehendes Chi ruft Konzentrationsprobleme hervor.

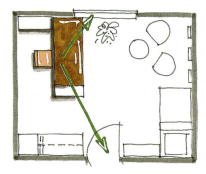

› Idealer Lernplatz mit geschütztem Rücken und guter Übersicht.

**Treffpunkt Wohnzimmer**  PRAXIS

fühl von Sicherheit und Stabilität bietet (siehe Seite 69).

› Wenn der Tisch Ihres Sprösslings jedoch so steht, dass der Blick direkt aus dem Fenster schweift, dann sitzt er wegen der nicht kontrollierbaren Tür sehr schwach, und außerdem neigen solche Kinder zu Tagträumereien. Deutlich sichtbar wird das Problem, wenn Ihr Kind seinen (schwachen) Lernplätzen meidet und zu anderen Stellen flüchtet. Dies kann beispielsweise dazu führen, dass es sich vorwiegend in der Küche aufhält, weil dort der einzige gemütliche Tisch steht, oder dass es am liebsten im Bett lernt. Hier hilft kein Schimpfen, vielmehr muss Abhilfe geschaffen werden, indem Sie den Raum umgestalten. Wenn Sie nur den Arbeitsplatz so drehen, dass sich das Kind in der Position der Stärke befindet, dann wird es seine Hausaufgaben wesentlich leichter und effizienter erledigen.

## Treffpunkt Wohnzimmer

Wer beim Nachhausekommen als erstes das Wohnzimmer sieht, darf sich glücklich schätzen. Sofort denkt man an Entspannung und lässt den Trubel des Alltags leichter hinter sich. Die Funktion dieses Raums ist schnell beschrieben: Er ist gemeinsamer Treffpunkt, außerdem werden hier Gäste empfangen.

› Seine Ausstrahlung ist deshalb sehr wichtig, denn Wohlgefühl und Behaglichkeit sollten vorherrschen. Dann werden sich alle Familienmitglieder gerne hier aufhalten, und die Harmonie innerhalb der Familie wird gefördert. Außerdem werden sich Ihre Gäste gut aufgehoben fühlen.

› Ist der Raum sehr groß, sollte er mit Hilfe größerer Pflanzen oder Raumteilern in verschiedene Bereiche gegliedert werden, da sich in einem zu weitläufigen Raum das Chi regelrecht verlieren kann. Ist das Zimmer sehr klein, sollten möglichst nur wenige und niedrige Möbel darin stehen; außerdem sollte er hell gehalten sein.

› Geräte wie Fernseher und Stereoanlage verstärken Aktivität und Dynamik im Raum. Große Pflanzen bringen ihre Vitalität hinein.

### Das Sofa

› Richten Sie Ihr Wohnzimmer so ein, dass das wichtigste Sitzmöbel an einer geschlossenen Wand steht und der Blick von dort auf erfreuliche Dinge des Umfelds fällt. Falls möglich, sollte der Garten oder der mit Pflanzen gestaltete Balkon in dieser Richtung liegen, denn das vermittelt Weite und Lebendigkeit.

› Wenn das Sofa jedoch mitten im Raum steht, »öffnet« das Ihren Rücken. Platzieren Sie in solchen Fällen eine größere

# DIE WOHNUNG ZUM WOHLFÜHLEN

Eine gelungene Wohnzimmergestaltung.

Optimale Beleuchtung zum Lesen.

Zimmerpflanze hinter sich, oder versuchen Sie es mit einer Lampe, einem Raumteiler oder ähnlichem.
> Sessel drücken einen Hang zur Individualität aus, während breite und weit ausladende Sofas andeuten, dass Sie Platz und Raum für mehr als nur eine Person (und damit auch Meinung) in Ihrem Weltbild haben und auch zulassen können.

**Licht und Wärme**
> Besonders wichtig in diesem Raum ist flexible, stimmungsvolle Beleuchtung. Um je nach Situation mal mehr Sachlichkeit und Klarheit zu verankern (helleres Licht) oder eine intimere Atmosphäre zu erreichen (gedämpftes Licht), sollten verschiedene Beleuchtungsquellen angebracht werden. Als Ergänzung zur Deckenlampe eignen sich Wandleuchten, Stehlampen und indirekte Beleuchtungssysteme gut. Denken Sie daran, dass ein zu düsterer Raum die Energie ins Stocken bringen kann (siehe Seite 74).
> Für das Lesen im Sessel und in Sitzgruppen eignen sich am besten Hocker- und Stehleuchten mit direktem, nicht zu hartem Licht aus seitlicher Richtung. Der Lichtkreis sollte nicht zu eng begrenzt sein, weil sonst zu starke Helligkeitskontraste zwischen dem Buch und der Umgebung entstehen.
> Fensterflächen und Terrassentüren stellen große Öffnungen und somit Energieschleusen zwischen innen und außen dar. Hier würde es sich lohnen, zur Stabilisierung und Harmonisierung der Energie mit Regenbogenkristallen, Fensterbildern oder Klangspielen zu arbeiten. Auch Pflanzen können als »Wächter« im Fensterbereich viel zu einem ruhigen und ausgewogenen Raumklima beitragen.
> Vor allem in Wintergärten mit ihren oft weit ausladenden und ausgeprägten Glasflächen sind derartige Begleitmaß-

nahmen sehr sinnvoll. Dennoch sollte eine gute Abschottung vorgesehen werden, sowohl als Schutz vor direkter Sonneneinstrahlung, als auch vor Wärmeverlust im Winter.

> Kachelöfen und offene Kamine erzeugen ein angenehmes Raumklima. Doch sollten diese nur dann in ein Haus eingebaut werden, wenn Sie auch vorhaben, sie regelmäßig zu benutzen. Ansonsten würde nicht nur der Raum an dieser Stelle sinnlos blockiert werden, sondern auch eine kontinuierliche »Abzugsenergie« Chi durch den Kamin aus dem Hause ziehen. Abhilfe schaffen ließe sich durch zwei schwer wirkende, stabilisierende Gegenstände jeweils links und rechts vor dem offenen Kamin. Aber auch drei gesunde Pflanzen (links, rechts und oben auf dem Kaminsims) oder ein Spiegel an der Kaminwand können ausgleichend eingesetzt werden.

> Die idealen Farben des Wohnzimmers sind helle Tonstufen wie Gelb, Erdfarben, Creme, Beige und warme Pastelltöne, aber auch helle Grün- oder Türkistöne.

> Ruhepol und Ort der Entspannung, um sein Chi wieder aufzuladen.

## Kreativzone Arbeitsplatz

Gute Nachrichten für Workaholics: Auch Ihnen kann mit Feng Shui geholfen werden, ob zu Hause oder im Büro.

### Raum und Möbel

- Das Zimmer, das Sie in Ihrer Wohnung als Heimbüro auswählen, sollte nicht gleich beim Eingang liegen (siehe Seite 95). Sonst geht zu viel Aufmerksamkeit und Energie direkt in den Arbeitsraum, und es wird sehr schwer, das Privatleben zu genießen, ohne an die Arbeit zu denken. Lenken Sie deshalb den Energiefluss gezielt an solch einer Bürotür vorbei. Hier ist Kreativität gefragt, manchmal reicht bereits das Querlegen eines Teppichs oder das Anbringen eines attraktiven, also ablenkenden Bildes.
- Versuchen Sie, die Aufmerksamkeit einer eintretenden Person sofort zu fesseln, und lenken Sie diese dann gezielt in einen anderen Wohnungsteil. Halten Sie die Bürotür möglichst geschlossen. Unterstützend wirkt ein Regenbogenkristall zwischen Eingang und Büro, der das Chi von seinem Weg zum Arbeitsraum ablenkt.
- Arrangieren Sie die Möbel so, dass Sie am Kraftplatz des Raums sitzen (siehe Seite 69). Sie sollten weder direkt vor

### TIPP

#### CHI-TANKSTELLEN ZIMMERPFLANZEN

Pflanzen gleichen Energiedefizite aus, beleben energetisch unterversorgte Raumbereiche, bremsen oder harmonisieren allzu dynamische Abschnitte oder sind einfach nur ein schöner, das Chi lenkender Blickfang.

- Unruhige Wohnungen (Treppen oder Fenster gegenüber Eingang) können mit Zimmerpflanzen beruhigt werden.
- Um den zu raschen Energiestrom zu bremsen, kann man ihm stämmige Pflanzen in den Weg stellen. Bei Platzmangel hilft schon eine attraktive Pflanze direkt am Fenster.
- Wendeltreppen bohren sich wie ein Korkenzieher durch Wohnungen – das kann zu Unruhe und Stress führen. Um das Chi so leicht und frei wie möglich in andere Etagen gelangen zu lassen und gleichzeitig den Raum zu stabilisieren, empfehle ich eine Begrünung des Geländers, zum Beispiel mit Kletter-Philodendron, oder eine stark nach oben strebende Zimmerpflanze.
- Hoch strebende Pflanzen wirken drückenden Balken oder Dachschrägen entgegen.
- Sie beruhigen Sitzplätze neben der Tür.

## Kreativzone Arbeitsplatz — PRAXIS

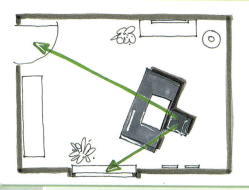

> Optimaler Kraftplatz im Raum.

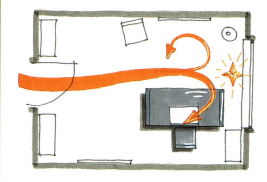

> Der Regenbogenkristall stoppt Chi-Verlust.

dem Fenster sitzen, da dies ablenkt, noch direkt vor einer Wand, da sie wie eine (mentale) Barriere wirken kann.
> Der Bereich hinter Ihnen stellt Ihre Vergangenheit dar. Diese sollte abgeschlossen sein, weshalb die Wand hinter Ihnen am besten frei, das heißt ohne Bilder, Akten oder Spiegel ist.

### Der Schreibtisch

> Schreibtische sollten so frei und aufgeräumt wie möglich sein. Die erfolgreichsten Geschäftsleute haben alle einen aufgeräumten Arbeitsplatz – obwohl sie viel zu tun haben. Niemand kann Dutzende Dinge gleichzeitig erledigen, doch lenken uns Türme unerledigter Arbeit nur vom Wesentlichen ab. Erleben Sie selbst, wie befreiend ein abgeräumter Arbeitsplatz wirken kann. Voraussetzung dafür sind allerdings ausreichend Regal- und Schrankplatz in Reichweite und ein durchdachtes Ablagesystem.

> Je nach Art Ihrer Tätigkeit kann die richtige Form des Tischs Unterstützung bringen. Für Menschen mit vorwiegend kreativen und kommunikativen Aufgaben ist ein runder oder ovaler Tisch ideal – Brainstormings beispielsweise sind hier besonders erfolgreich. Dagegen werden »linkshirnige« Arbeiten, die lineares und analytisches Denken erfordern, etwa die Buchhaltung, am besten an sachlich anmutenden rechteckigen Tischen abgewickelt.

> Weder weiß noch schwarz sind gute Farben für Schreibtische, da sie entweder keinen oder einen zu starken Farbkontrast zum weißen Papier bilden. Glastische können Instabilität und Unordnung verursachen.

> Achten Sie darauf, dass Ihr Schreibtisch nicht im direkten Sonnenlicht steht. Dies würde Ihre Konzentrationsfähigkeit behindern und Sie vorzeitig ermüden lassen.

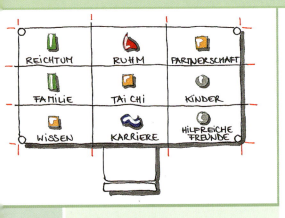

Auch der Schreibtisch kann nach den Baguazonen unterteilt werden.

› Wenn beim Schreiben das Licht seitlich von links auf die Tischfläche fällt, können (sofern Sie Rechtshänder/-in sind) keine störenden Reflexe und Schatten entstehen. Eine Schreibtischlampe sollte frei richtbar sein.

› Auch der Schreibtisch hat seine eigenen Bagua-Zonen: Dort, wo Sie sitzen, ist »Karriere«, und links hinten liegt die »Reichtumszone« (siehe oben stehende Grafik). Sollte auch bei Ihnen dieser Platz mit unbezahlten Rechnungen, offener Arbeit oder unerledigter Post vollgeräumt sein, dann ist nun der richtige Zeitpunkt zum Handeln. Fülle kann sich nur dort ansammeln, wo auch Platz dafür ist. Lassen Sie daher die Reichtumsecke Ihres Schreibtischs immer frei, oder stellen Sie dort eine offene Schale auf.

› Der Computer blockiert aufgrund seiner Größe oft einen großen Teil des Arbeitsplatzes und somit Ihres Schreibtisch-Baguas. Feng-Shui-Experten empfehlen, diesen auf einem eigenen seitlichen Tisch unterzubringen oder zumindest den Bildschirm auf einen beweglichen Schwenkarm zu stellen.

› Je nachdem, welche Bedeutung das Telefon für Ihre Tätigkeit hat, kann es gezielt am Schreibtisch positioniert werden. Grundsätzlich sollte die Telefonschnur den Arbeitsplatz nicht kreuzen und somit die Arbeit behindern. Bei einer stark außenorientierte Tätigkeit, beispielsweise Kundenbetreuung, könnte das Telefon im Bereich »Partnerschaft« oder »Hilfreiche Freunde« stehen (siehe Abbildung links). Die Zone »Reichtum« bietet sich an, sollte das Telefon ein einkommensbestimmender Faktor für Sie sein.

## Nur für Gäste?

Gäste bringen neuen Schwung, andere Gedanken und einen Schuss »Andersartigkeit« in Ihr Leben. Dies kann eine große Bereicherung darstellen und manchmal die Pforten zu neuen Wegen öffnen. Dennoch kann ich nur davon abraten, in einer Kleinwohnung einen Extra-Gästeraum freizuhalten, für den Fall, dass »im Dezember eventuell Besuch kommen könnte«.

› Wie jeder andere Raum Ihrer Wohnung, sollte auch dieser regelmäßig genutzt werden (siehe Seite 65).

## Endlich – das eigene Zimmer        PRAXIS

> Lassen Sie Ihr Gästezimmer nicht zum Abstellraum verkommen, wo all das hineinwandert, dass halt sonst keinen Platz mehr findet. Selbst zum Lagern der Bügelwäsche ist es nur bedingt geeignet.

> Sehen Sie sich doch mal nach dem Bagua an, in welcher Zone des Rasters Ihr Gästebereich liegt, und Sie werden erfahren, welcher Lebensaspekt stark von der Meinung anderer (also der Außenwelt) geprägt ist. Oft findet sich das Gästezimmer im Bereich »Ruhm«.

Kinder können soweit erzogen werden, dass sie die Eltern für eine gewisse Zeit in Ruhe lassen. Dies steigert ihre Selbstständigkeit und lässt sie zudem erkennen, dass auch Mutter oder Vater gelegentlich Erholung brauchen.

> Das eigene Zimmer sollte wirklich auch privaten Charakter haben, also möglichst nicht für die Hausarbeit wie Bügeln oder Wäschewaschen verwendet werden.

> Richten Sie es nach Ihren individuellen Vorstellungen ein, so dass es maxima-

## Endlich – das eigene Zimmer

Jeder Mensch hat das Bedürfnis nach einer Privatsphäre, in der er Ruhe und Geborgenheit findet. Die Sehnsucht nach einigen wenigen Quadratmetern, in denen man nur für sich sein kann, wo man auch mal etwas liegen lassen kann, wird aber leider allzuoft verdrängt. Dabei kann ein eigener Raum, und sei er noch so klein, helfen, die eigene Mitte zu finden oder wiederzufinden und sich von der Hektik des Alltags zu erholen. Während des Tages einige ruhige Minuten ganz für sich alleine einschieben zu können, ist vor allem für Mütter von Kleinkindern wichtig und für alle, die durch den beruflichen oder häuslichen Alltag schwer gefordert sind. Unverständlich, wenn das Auto (eigene Garage) wichtiger ist, als die Bewohner…

Auch im Heimbüro können Sie sich's gemütlich einrichten.

## DIE WOHNUNG ZUM WOHLFÜHLEN

len Erholungswert bietet. Hier können Sie auch den Mut haben, Gegenstände und Bilder anzubringen, die Ihr tiefstes Inneres ausdrücken, was oftmals im von der gesamten Familie genutzten Wohnbereich nicht möglich ist, da dies ja die andderen Familienmitglieder wiederum beeinflusst.

> Sollten Sie ein Hobby ausüben, so ist dies der Platz dafür. Da Sie Farben, Pinsel oder Werkzeug liegen lassen können, ohne jemanden zu belästigen, steigert es die Bereitschaft, auch mal kurz zwischendurch etwas zu tun, das Spaß macht.

> Zum Meditieren eignet sich das eigene Zimmer hervorragend, da dies am besten in einer »nichtöffentlichen« Zone der Stille und Einkehr geschieht.

> Sollte das Heimbüro das eigene Zimmer sein, schaffen Sie auch in diesem eine kleine Zone der Geborgenheit! Dies wird Sie immer wieder daran erinnern, dass das Leben nicht nur aus Arbeit besteht. Nach einer kurzen, entspannenden »Ortsveränderung« auf einen Sessel oder ein Sitzkissen geht auch die Arbeit wieder besser von der Hand.

## Heikel – Badezimmer und WC

Die Nassräume stellen wahrscheinlich mit die problematischsten Bereiche einer

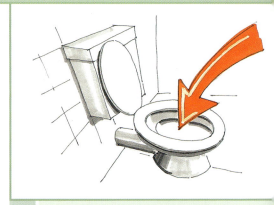

> Ein WC gleich beim Wohnungseingang zieht Chi ab. Daher Deckel schließen.

Wohnung dar. Hier wird mit dem hoch aktiven Element Wasser hantiert, das verschmutzter, als es gekommen ist, das Haus wieder verlässt.

### Raum und Energie

Sollten diese Räume ungünstig liegen, dann ist es möglich, dass die Schwingung des unsauberen Wassers in Resonanz mit den Bewohnern, zu gesundheitlichen oder finanziellen Problemen führen kann.

> Befinden sich Bad und WC gleich neben dem Eingang der Wohnung, wird viel eintretendes Chi sofort wieder durch den Abwasserkanal hinausgeschickt. Besser wäre es, wenn die Nassräume am Ende des Energieflusses liegen, also möglichst weit entfernt vom Eingang, so dass nur noch das verbrauchte Chi darin entweicht.

> Halten Sie die WC-Tür immer geschlossen, und klappen Sie auch den Toilettendeckel immer zu.

- Wenn Sie die Türen außen noch mit einem Spiegel oder einer anderen reflektierenden Maßnahme »versiegeln« (ein Bremsen und Reflektieren des Chi-Flusses), dann verhilft dies zu mehr Stabilität und Gesundheit.
- Sollte Ihr Bad gleich neben dem Schlafzimmer liegen, dringt die starke Wasserenergie in das Zimmer ein und belastet das Chi der schlafenden Personen. Dies kann deren Erholung und auch Gesundheit gefährden.
Eine direkte Verbindungstür zwischen Bad und Schlafzimmer ist besonders ungünstig; hier kann ein begehbarer Schrank als Puffer dienen. Besser ist es, über einen Flur in das Badezimmer zu gelangen.
- Achten Sie darauf, dass das Kopfteil Ihres Bettes nicht an der Wand mit den Abflussrohren liegt, oder halten Sie Abstand von der Wand. Schon eine Isolierung kann hier dienlich sein.

### Licht und Farbe

- Badezimmer und WC sollten immer Fenster haben – eine grundlegende Forderung für jeden Neubau. Wenn dies nicht möglich ist, muss das Innere des jeweiligen Raums energetisch gestärkt werden. Helles Licht, freundliche Farben, ein Regenbogenkristall (er wirkt auch ohne Sonne, muss aber öfter gereinigt werden), ein Mobile oder eine DNS-Spirale helfen, die schwache Energie des Raumes zu steigern und den Raum wieder aufzuwerten.
- Achten Sie darauf, dass der Badezimmerspiegel groß genug ist (siehe Seite 76). Die am Spiegel angebrachten Leuchten dürfen auf keinen Fall blenden oder Schatten im Gesicht hervorrufen. Die Lichtfarbe muss zudem immer warm-weiß sein. Außerdem wird das Gesicht gleichmäßiger und vorteilhafter beleuchtet, wenn die Beleuchtung beiderseits des Spiegels angeordnet ist.
- Gut für Bad und WC sind helle Farben, am besten in Verbindung mit Handtüchern, Dekorfliesen oder Accessoires in kräftigen Tönen, außerdem Rosa und andere Pastelltöne, manchmal auch zarte Ausführungen der kühleren Farben Grün und Türkis.

## Treppen – Leitbahnen des Chi

Treppen sind die Verbindungsglieder zwischen den einzelnen Stockwerken. Dementsprechend offen sollten sie gestaltet sein und den leichten Fluss der Energie unterstützen. Zu enge Treppenhäuser schnüren das Chi der oberen Stockwerke ab.

- Liegt eine Treppe genau gegenüber dem Eingang, führt das zu Chi-Verlust. Ein Regenbogenkristall oder Windspiel verhindert dies.
- Wichtig ist die Beleuchtung. Treppen sind dann gut beleuchtet, wenn sich die

Helligkeit der waagrechten Flächen von der der senkrechten deutlich unterscheidet. Stolperschatten dürfen nicht entstehen. Bei einer langen Treppe braucht man mehrere Leuchten. In der Regel wird eine Lampe über dem Antritt und die nächste Leuchte über dem ersten Absatz montiert.

- Bilder können mithelfen, den Fluss der Energie zu lenken. Wählen Sie Motive, die eine – in Treppenrichtung – ansteigende Symbolik haben.
- Wendeltreppen sollten durch Pflanzen und Licht von oben stabilisiert werden. Dazu eignet sich eine Lampe an der Decke oberhalb der Treppe und eine gesunde Topfpflanze an ihrem Fußende, die das Chi nach oben steigen lässt.

## Abstellräume – Stauzonen

Alles, was gelagert wird, ist gebundene Materie und führt ab einer gewissen Häufung unweigerlich zu Stau. So kann man auch das Wort »Stauraum« deuten.

- Die Fläche von Stauräumen und Schränken darf im Verhältnis zum gesamten Haus nur minimal sein. Das zwingt Sie dazu, alles Unwichtige sofort wieder zu entfernen. Ähnlich einer Körperentschlackung, lassen Sie so unnötigen Ballast los, bevor Sie ihn anhäufen. Dies hält nicht nur vital, sondern hilft, besser im Fluss zu bleiben.

Das Leben wird leichter und entwickelt sich mit weniger Staus und Blockaden.
- Ein guter Lagerraum sollte nur die wirklich wesentlichen Dinge enthalten und außerdem nicht zu voll sein. Sorgen Sie auch hier für Ordnung.
- Vor allem die Beleuchtung muss hell und klar sein, selbst wenn sie nur selten verwendet wird. Licht hilft, das stehende Chi wieder in Schwung zu bringen.
- Ein Mobile oder eine DNS-Spirale kann für erhöhte Dynamik sorgen.

## »Schattenreich« Keller

Manchmal muss man sich wundern, wieviel unnötiger Ballast in Kellern oder Dachböden herumliegt. Viele Menschen neigen dazu, zwar die Wohnung blitzblank und auch aufgeräumt zu halten, aber Dachboden (das »Oben«) und Keller (das »Unten«) werden »vollgestopft«. Viele Seminarteilnehmer berichten, dass sich das Aufräumen in diesen Hausbereichen oft als sehr schwierig und manchmal gar emotionsgeladen gestaltet. Dies rührt daher, dass der Keller das »Unterbewusstsein« repräsentiert und der Dachboden die nach wie vor mitgeschleppten »Altlasten« Ihres Lebens widerspiegelt.

- Lassen Sie sich genügend Zeit, doch arbeiten Sie beständig an einer Aufarbeitung der dort gelagerten Vergangenheit. Viel Erfolg!

### Wirkt Feng Shui auch, wenn ich nicht daran glaube?

Jede Feng-Shui-Maßnahme verändert die Ausstrahlung einer Wohnung. Diese neue Energie wirkt zunächst auf jeden Menschen gleich stark ein. Allerdings entfaltet Feng Shui seine Kraft oft sehr subtil. Besonders negativ eingestellte Menschen sind daher in der Lage, die wohl tuende Wirkung für sich selbst soweit zu bremsen, beziehungsweise von sich fern zu halten, dass sie behaupten können, es habe sich nichts verändert.

Sollte Ihr Umfeld zu skeptisch oder negativ eingestellt sein, vermeiden Sie am besten zu auffällige Feng-Shui-Maßnahmen, von denen Sie annehmen müssen, dass sie von Partner, Familie oder Arbeitskollegen abgelehnt werden würden. Verzichten Sie auch auf »bedeutungsschwangere« Aussagen im Zusammenhang mit den von Ihnen gesetzten Maßnahmen. Wählen Sie stattdessen Bilder, Farben, Pflanzen und Accessoires, die Sie auch ohne »Feng Shui-Konzept« gerne gewählt hätten. Dann wirkt alles ganz natürlich, und Sie vermeiden unnötigen Widerstand.

### Wenn die Wohnung ein Spiegel der Persönlichkeit ist – gilt das für beide Partner?

Aus der Psychologie ist bekannt, dass wir immer genau den Menschen als Partner anziehen, welcher zu uns »passt«, was nicht bedeuten muss, dass wir mit dieser Situation einverstanden oder glücklich sind. »Alles ist mit allem verbunden«. Ähnlich verhält es sich mit den eigenen vier Wänden: Auch diese bewohnen wir nicht zufällig. Wesentliche Teile unserer Persönlichkeit haben mit diesem Ort Resonanz, denn sonst wären wir nicht dort. Das gilt für alle Bewohner, also auch für den Partner. Selbst wenn sich jemand seine Wohnung gar nicht selbst ausgesucht hat, so ist sie nun dennoch ein prägender Teil und auch Ausdruck seines Lebens.

Größere persönliche Stärken und Schwächen lassen sich daher aus einer Wohnung (Grundriss, Nutzung, Einrichtung, Mängel) symbolisch ablesen. Genauso wie in einer Partnerschaft gibt es auch hier Zonen, aus denen sich für beide Partner eine Aussage ableiten lassen. Und dann finden sich je nach Persönlichkeit der einzelnen Bewohner auch Bereiche, die mehr individuell zuordenbar sind.

Noch eine Faustregel: Wer von den beiden Partnern mehr Zeit in der Wohnung verbringt, wird erfahrungsgemäß auch mit deren Energien intensiver verbunden sein. Je länger man an einem Platz verbringt, desto bedeutsamer wird seine Ausstrahlung.

### Ich möchte meinen Schlafplatz zu einer »Traumstätte« gestalten. Was muss ich dafür tun?

Um ungestört und entspannt zu schlafen, sollte das Schlafzimmer der ruhigste Ort der Wohnung sein. Je weniger Möbel, Kleider, Bücher und sonstige Gegenstände des täglichen Lebens den Raum belasten, desto besser für Ihren Schlaf. Und schon gar nicht sollte in diesem Raum der Intimität und des Rückzugs an Arbeit oder Haushaltspflichten erinnert werden. Daher: Schreibtisch raus und die Bügelwäsche erst recht. Um bedrückende Dachschräge oder Balken über der Schlafstätte zu entschärfen helfen duftige Tücher über das Bett gespannt.

### Ich schlafe trotz eines Spiegels im Schlafzimmer gut. Soll ich ihn dennoch entfernen?

Spiegel sind in vielen heimischen Schlafzimmern an Einschlafschwierigkeiten oder unruhigem und oft nur wenig erholsamen Schlaf beteiligt. Spiegel reflektieren und bringen dadurch die Raumenergien (auch in der Nacht) in Bewegung. Ein Effekt, der die Ruhe des Schlafzimmers stören kann.

Finden sich im Raum auch noch Störenergien, etwa von strahlenden Fernsehgeräten oder Radioweckern, aber auch von unsichtbaren Wasseradern, so werden diese vom Spiegel ebenfalls reflektiert. Schlafprobleme ergeben sich immer dann, wenn diese Reflektionen das Bett bestrahlen.

Verhängen Sie probeweise für mehrere Wochen den Spiegel, zum Beispiel mit einer Decke. Verbessert sich nun der Schlaf, sollten Sie den Spiegel am besten ganz entfernen. Wenn sich aber nichts verändert, dann wird wohl die Ursache der Schlaflosigkeit woanders liegen und der Spiegel darf durchaus seinen Platz behalten.

### Welchen Einfluss haben Haustiere auf das Feng Shui?

Jedes Lebewesen hat Chi und beeinflusst somit den Platz an dem es sich aufhält. Genauso wie jeder Mensch durch seine Anwesenheit die Umgebung verändert, verhält es ich auch mit Haustieren.

Hat Ihr Haustier einen ganz bestimmten Lieblingsplatz, sollten Sie die dazugehörige Bagua-Zone genauer unter die Lupe nehmen. Wo hält sich Ihr Hund (Symbol für Yang, das männliche Prinzip) besonders gerne auf? Wo die Katze (Symbol für die weibliche Yin-Kraft)? Jedes gesunde und glückliche Haustier aktiviert durch seine Anwesenheit die gesamte Wohnung, speziell natürlich jene Plätze wo es sich besonders häufig aufhält. Da Hunde im Normalfall einen ausgeprägten Instinkt für »gute Plätze« haben und Katzen gerne verstrahlte Zonen suchen, lohnt es sich, diese Bereiche auch mal von einem geprüften Radiästheten auf unsichtbare Energiefelder untersuchen zu lassen. Aber manchmal ist es auch bloß so, dass sich die Haustiere dort aufhalten wo die Bezugsperson ist. Dennoch wird auch in diesem Fall die jeweilige Bagua-Zone durch das Tier beeinflusst und energetisiert.

### Wie kann ich Zimmerpflanzen, Licht, Farbe und oder Accessoires richtig einsetzen?

»Weniger ist mehr« besagt ein wichtiger Grundsatz des Feng Shui. Jede Veränderung braucht Zeit und Raum um wirken zu können. Meist reicht eine einzige, oft kleine Maßnahme, um gestaute oder nicht vorhandene Energien wieder ins Fließen zu bringen.

Besonders wichtig sind inspirierende Blickfänge – im Vorraum, Wohnzimmer, Esszimmer oder gegenüber dem Schreibtisch. Worauf Sie vor sich blicken, entspricht im übertragenen Sinn Ihrer »Zukunft«. Hier sollten nur schöne und inspirierende Bilder, Pflanzen und Accessoires sein. Achten Sie auch auf die versteckte Botschaften von schwermütigen Bildern, unaufgeräumten Regalen oder kranken Zimmerpflanzen.

### Was kann ich tun, wenn ich mein Leben ändern möchte?

Bedenken Sie immer: Arbeit und Geldverdienen ist nicht alles. Um Selbstentfaltung, persönliche Entwicklung und Lebensgenuss zu fördern, sollten auch die eigenen vier Wände diese hohen Qualitätsanspruch widerspiegeln. Daher gelten drei direkte Maßnahmen:

1. Beseitigen Sie aufgetretene Störungen so schnell wie möglich. Eine kaputte Glübirne, heruntergefallene Gegenstände, welcher Art auch immer, ein tropfender Wasserhahn oder eine quietschende Türe, mögen Kleinigkeiten sein – aber sie kosten Nerven. Außerdem hemmen sie den Energiefluss des jeweiligen Raumes.

2. Sorgen Sie für Helligkeit und Sauberkeit. Sie werden sehen, was alleine diese zwei unspektakulären Maßnahmen für ein Wohlbefinden auslösen.

3. Achten Sie schon beim Einrichten auf Schönheit, Ästhetik und Harmonie. Es muss Ihnen gefallen und einen direkten Bezug zu Ihnen haben, was Sie im Zimmer aufstellen, an die Wände hängen oder platzieren. Wenn Sie sich mit allen Sinnen so richtig wohl fühlen, werden Sie genau diese Qualität auch leichter in Ihr Leben einladen.

# Zum Nachschlagen

## Bücher, die weiterhelfen

Mehr zu Feng Shui und die Gedanken dahinter

› Laotse, *Tao Te King;* Diederichs Verlag

› Lazenby, Gina, *Wohnen, Wellness und Feng Shui,* Callwey Verlag

› Meyer, Hermann/Sator, Günther, *Besser leben mit Feng Shui;* Irisiana/Hugendubel Verlag

› Sator, Günther: *Feng Shui - Die Kraft der Wohnung entdecken und nutzen; Feng Shui für jeden Garten; Feng Shui - Kraftquelle Zimmerpflanzen;* alle Titel: GRÄFE UND UNZER VERLAG

› Sheldrake, Rupert, *Das Gedächtnis der Natur,* Piper Verlag

› Wilhelm, Richard, *I Ging;* Diederichs Verlag

› Wing, R.L., *Das Arbeitsbuch zum I Ging,* Goldmann Verlag

## Ergänzende Methoden

› Fahrnow, Dr. med. Ilse-Maria, Fahrnow, Jürgen, *Fünf Elemente Ernährung;* GRÄFE UND UNZER VERLAG

› Fischer-Reska, Hannelore, *Das Heilzonen-Buch;* GRÄFE UND UNZER VERLAG

› Fischer-Rizzi, Susanne, *Botschaft an den Himmel - Anwendung, ... von duftendem Räucherwerk,* Irisiana/Hugendubel Verlag

› Graf, Dr. Bernhard, *Heilen mit Edelsteinen,* GRÄFE UND UNZER VERLAG

› Sperling, Renate, *Vom Wesen der Edelsteine;* Aquamarin Verlag

## Adressen, die weiterhelfen

Versender für westliche Feng-Shui-Accessoires nach Günther Sator

› **Internet-Shop – Günstiger Versand in alle Länder** (Großes Angebot; Katalog zum downloaden; Bücher mit persönlicher Widmung des Autors)
Günther Sator GmbH
Bodenstätt 11, A-5163 Mattsee
Fax: +43 (0)6217 / 59 20 79
Email: office@sator.at / www.sator.at

› **Katalog – nur für Kunden in Deutschland** (Eine Auswahl der bestverkauften Produkte)
Willi Penzel Handels-GmbH
Willi-Penzel-Platz 2, D-37619 Heyen
Fax: (00 49) (0)55 33/97 37 67

› **RaySAVER® – Handychip**
Für's Batteriefach. Stärkt das Energiesystem des Handynutzers. Auch für Computer, Funktelefone, Funktastaturen etc.
www.raysaver.com

## Feng-Shui-Fragen

Weiterführende Fragen und eigene Erfahrungen mit Feng Shui können Sie im Internet unter www.sator.at mit aktiven Anwendern diskutieren. Wählen Sie dazu in der Rubrik SATOR Living Community das »Forum«.

**Feng-Shui-Seminare, Hagia Chora**
Schule für Geomantie
Luitpoldallee 35, D-84453 Mühldorf
Fax: (0049) (0) 86 31/37 96 34

# Register

## A
Aberglauben 5
Abstellräume 19, 112, 18
Ahnen 47
Aktivierung des Chi 71ff.
Akupunktur 23
Alpträume 61, 99
Amulette 73
Analogien 27
Analyse des Ist-Zustandes 14ff., 24, 42ff.
Änderungen im Leben 13, 121
Angstgefühle 61
Ansehen 51
Antiquitäten 66
Aquarium 83f.
Arbeitsklima 11
Arbeitszimmer 97, 112, 115
Architektur 11, 58
Ästhetik 41
Atmosphäre 13
–, Klärung der 92
Aufräumen 66, 118
Ausgleich 31f., 39, 66, 72ff.
Außenbereich 56ff., 88ff.
Austrahlung, persönliche 51

## B
Badezimmer 19, 96, 116f.
 - spiegel 76,117
Bagua 42ff., 128
–, Anlegen 44f.
–, Aufteilung 93
–, Fehlbereiche 92f.
–, Interpretation 42f.
–, des Schreibtischs 114
–, Transparent 128
-Zonen 46ff., 64, 93

Balance 28, 30f.
Balken, Decken- 17, 101, 112
Bambusflöten 73
Baubiologie 60
Baumaterial 60
Bäume 17, 90
Baustil 58
Bauwerke 9f.
Begegnungen 49
Beleuchtung 17, 65, 100
– Bad- 117
– Eingangs- 96f.
– Kinderzimmer, Lernplatz 108f.
– Küchen- 105
– Schlafzimmer 53
– Schreibtisch- 114
– Treppen-117f.
– Wohnzimmer- 110
Bergkristall, → Kristalle
Beruf 14,46
Bestandsaufnahme 13ff.
Bett 53ff., 89f., 98f.
– ideales 54f.
– Kopfteil 55
Bewegung, fließende 23f.
Beziehungen 41, 47
Beziehungsthemen 36f.
Bilder 67, 80f.
– im Schlafzimmer 53, 101
– an der Treppe 118
Bodenbeläge 97
Brücke 26
Bücherregal 52f., 67, 99
Büro 19
– zu Hause, → Heimbüro

## C
Ceckliste
– zur Analyse 14ff.
– zur Veränderung 87ff.
Chef 47

Chi 22ff, 25, 36f.
– schneidendes Chi, → Sha-Chi
– frei tanzendes 24, 90
–, Aktivierung des 84
–, Stagnation des 40
– feld, inneres 42ff.
– Fluss 23, 24f., 37, 40, 47, 65, 75, 84, 90, 117
China 8f.
Chinesische Mauer 9
Chinesische Medizin 23
Computer 52, 114

## D
Dachboden 19
Dachkanten, → Kanten, scharfe
Delphine 80, 84f.
Designer-Wohnungen 12, 65
DNS-Spirale 78
Dominanzen 38
Drache 42, 57
–, Ersatz- 58
Dunstabzugshaube 103, 105

## E
Ecken, → Energieautobahn, → Kanten
Eingangsbereich 17, 95f.
-Beleuchtung 75
Elektrogeräte 67f., 100f.
Elektrosmog 67
Elemente, fünf 32ff.
– ausgleichen 38ff.
– hausplanung mit Hilfe der 59
Eltern 14,47
Emotionen 15
– der Elemente 36f.
Energie 22ff.
-autobahn 26, 99
-blockaden 23

-defizite, ausgleichen 112
-fluss 23ff., 96
–, negative entfernen 66f.
-stau 26, 75, 118
Entrée 17, 96f., → auch Eingangsbereich
Erde 32ff., 47, 48, 50
Erd-Energie 32ff.
Erkenntnis 15
Erker 59
Essig-Reinigungswasser 66
Essplatz 106
Esszimmer 18, 97
Europa, Feng Shui in 10

## F
Fächer 73
Fahnen, 89, → auch Objekte, bewegte
Fallbeispiel 16
Familien-Zone 14, 47
Familienleben 47
Farben 35ff., 67, 81ff.
– der Elemente 35ff., 83
– des Schreibtischs 113
– in Bad und WC 117
– in der Küche 105
– im Schlafzimmer 101
– im Wohnzimmer 111f.
Farbsymbolik 35ff.
Fehlbereich des Bagua 44f.
– ausgleichen 71ff., 92f.
Feng Shui
– Herkunft 8ff.
– Verbreitung 10f.
–, inneres 28f.
Fenster 75, 78, 89
Fernseher 101
Feuer 32ff., 41, 51, 104
Feuer-Energie 32ff.
Firma 11
Flur, → Gang, langer
Foyer, → Eingangsbereich
Frau 52f.
Freunde 15, 49

123

# SERVICE ZUM NACHSCHLAGEN

**G**
Gang, langer 26, 97
Garten 61, 88f.
Gartenleuchten, → Beleuchtung
Gästezimmer 114f.
Gebäudeform 36f., 59
Gedankenenergie, → Feng Shui, inneres
Gefühle 15
Gegenstand, schwerer, → Objekte, schwere
Geheimwissen 10
Geld 14, 48, 83
Geleise 26
Geomantie 10
Geraden, längere, → Energieautobahn
Geschichte 8ff.
Gesundheit 12, 14, 48
Glaskristallkugeln, → Kristall
Glück 14, 42
Großeltern 14, 47
Grundriss 43, 59
- plan 21, 24
Grundstück 57f., 89
– am Hang 85

**H**
Halogenleuchten 75
Handy 68f.
Hanglage 85
Harmonie 7ff., 28f., 37, → auch Ausgleich
Haus 16f.
–, älteres 60f., 92
–, ideales 56f.
-bau 56ff.
-eingang 95
-inneres 56
-mitte 78
-reinigung, energetische, → Reinigung
-tiere 41, 120
Heimbüro 116
Herd 104
Herkunft 8ff.

Hermetische Schriften 27
Hilfreiche-Freunde-Zone 15, 49
Hilfsmittel 12, 25, 71ff.
–, chinesische 71ff.
- Kauf der 73
Himmelrichtungen 33, 36f.
–, Farbe der 81
Holz 32ff., 47, 50
Holz-Energie 32ff.
Holzboden, → Bodenbeläge
Housewarming-Zeremonie 60

**I**
Image 15
Innenräume 64ff. ,94ff.
Inneres des Hauses 56
Inspiration 50
Intuition 40f., 50f.

**K**
Kachelofen 111
Kamin 111
–, offener 110
Kanten, scharfe oder spitze 11, 26, 65, 96, 100, 103
Kanäle 26, 63
Karriere-Zone 14, 46
Keller 19, 118
Kinder-Zone 15, 50, → auch Kinderzimmer
Kinderzimmer 18, 85, 107ff.
Klang 73f.
-spiele 73f.
Kleidung 36f.
Kochen, → Küche
Kompost 90
Konzerne 11
Kraftplatz 68f., 98f., 113
Kreativität 15, 102f.
Kristalle, Berg- und gewachsene 79
Kristalle, Regenbogen- 78f.

Küche 18, 96, 102f.
Kulturrevolution 9
Kunstblumen 76

**L**
Lage, ideale 56f.
Lagerraum 118
Lampen – → Beleuchtung
Landschaft 58f.
Lärmbelästigung 63
Laternen 26
Lebensaufgabe 46
Lebensbereiche 14ff.
Lebensenergie Chi 22ff.
Lebenskraft 48
Lebenssituation, aktuelle 13ff.
Lebensweg 46
Lehnstuhlprinzip 56
Leistungssteigerung 11
Leitungen 26
Lernfähigkeit 51
Lernplatz 108
Leselampe 110
Licht 40, 74, 78, → auch Beleuchtung
- quellen, verschiedene 75
Liebe 80

**M**
Mann 52f.
Matratze 54f.
Mauerkanten, → Kanten
Meridiane 23, 25
Metall 32ff., 49
Metall-Energie 32ff.
Mitbewohner 29
Möbel 23, 64ff.
– alte 66
– am Arbeitsplatz 112ff.
–, im Esszimmer 106
– im Kinderzimmer 107f.
– im Schlafzimmer 98ff.
– im Wohnzimmer 109f.
– schwere 85
Mobile, → Objekte, bewegte
Mülltonne 94f.

»Mund des Chi« 44
Musikinstrumente 73f.

**N**
Nachbarn 46
Nebengebäude 63
Neubau 56ff.
Nutzung der Räume 64ff.

**O**
Objekte, bewegte 78, 84f.
Objekte, schwere 84f.
Ordnung 67

**P**
Partnerschaft 52ff.
Partnerschafts-Zone 14, 47
– im Schlafzimmer 52ff.
Partnerschaftssymbole 80
PC, → Computer
Pendler 68
Pflanzen
– an der Treppe 112, 118
– gegen Sha-Chi 95
– im Garten, 61f., 89ff. 94
– im Haus 75, 112
– im Schlafzimmer 101
– im Wohnzimmer 109
–, kranke 63
-formen 36f.
Phönix 57
Planeten 36f.
Planung 56ff.
Platz der »höchsten Harmonie«, → Kraftplatz
Polarität 30f.
Positives Denken 28f.
Problemlösungen 72
Putzen, → Reinigung

**R**
Radiästhesie 68
Radio 100
Räucherungen 92
Raum
– aktivieren 82
– gestalten 53

124

# Register

–, erster 97
–, sehr großer 109
–, sehr kleiner 77
-aufteilung 65
-bereiche abtrennen 99
Räume 98ff.
–, Lage der 36f.
–, ungenutzte 64
Regenbogenkristalle 78
Reichtums-Zone 14, 48
Reinigung, energetische 66f, 79, 92
Rosenkugeln, → Hilfsmittel
Rosen-Reinigungswasser 66
Ruhe, innere 14
Ruhezone 52f.
Ruhm-Zone 15, 51

## S

Sackgasse 26
Salbeiräucherungen 92
Sanierung, → Sanierung
Sauberkeit 66f.
Schildkröte 57
Schlafzimmer 17, 52ff., 97, 98ff., 120
 - Störenergien 66ff., 72ff., 92ff., 100
Schneidendes Chi, → Sha-Chi
 – durch Pflanzen 75f.
 – ums Haus 63, 94
 – zerstreuen 71ff.
 –, Missbrauch 63
Schönheit 12, 40f.
Schrank 96
 –, begehbarer 100
 –, Einbau- 100
Schreibtisch 113f.
 – im Kinderzimmer 108f.
-Bagua 114
Schutz 56
 – des Hauses 56f.
Selbstbefragung 13ff.
Selbstwertgefühl 48

Sha-Chi 26, 97
 – Abhilfe bei 63, 71ff., 95
 - rund ums Haus 63
Sheldrake Rupert 28
Sicherheit, Gefühl von 84f.
Sofa 109
Speisezimmer, → Esszimmer
Spiegel 17, 76f., 96, 100, 117, 120
 - der Persönlichkeit 119
Spiralen, DBNS- 78
Stadt 57
Stärke, mentale 29
Stagnation des Chi 62, 74f.
Stauräume 118
Steckdosen 67
Stonehenge 9
Stör-Energien, → Sha-Chi
Störfaktoren im Umfeld 68
Störzonen 68
Strahlung, elektromagnetische 67f.
Straßen 26, 63
Stromleitungen 67
Stromverbrauch 75
Symbole der Elemente 36f.
Symbole
 - persönliche 85
 - schützende 94f.
Symbolik 46

## T

Tai-Chi-Zone, → Zentrum
Taoismus 32
Telefon 96
Teppiche 96
Terrasse 84
Tiger 57
Toilette, → WC
Tradition, Feng-Shui- 8ff.
Treppen 85, 112, 117
Trockenblumen 76
Türe
 –, Eingangs- 75, 95f.

-harfen 73
-klopfer 76, 96
-kranz 95f.

## U

Umfeld, Einfluss des 5, 23, 27ff., 59
Umfeld, Störfaktoren im, → Störfaktoren
Umfeld-Analyse 16ff, 72f.
Umgebung 16
Umwandlungsprozesse, dynamische 32f.
Umzug 92
Unordnung 47, 66f.
Unterstützung 15
Ursprünge 9

## V

Verbreitung 10
Vorfahren 47
Vorgeschichte eines Hauses 60f.
Vorgesetzte 14, → auch Karriere
Vorraum, → Eingangsbereich

## W

Wände, allgemeine Gestaltung 98ff.
Wandlungsphasen 32ff.
Wasser 32ff., 46, 48, 51, 56, 82f., 91, 104
Wasser-Energie 32ff.
Wasser-Hilfsmittel 83f.
Wasseradern 68, 101
Wasserbetten 84
Wasserqualität 83f.
WC 19, 116f.
Wege 90f., 94
Weihrauchräucherung 92
Weisheit 51
Werkzeuge, Feng-Shui- 21ff.
Werkzeuge des inneren Feng Shui 29
Wickeltisch 108

»Wind und Wasser« 9
Windfang 96
Windrad 89, → auch Objekte, bewegte
Wintergarten 18, 73, 99, 111
Wirkung auf andere 28, 119
Wissens-Zone 15, 50
Wohlgefühl 12ff., 65
Wohlstand 83
Wohnsituation, Analyse der 16ff
Wohnung 12ff., 64ff., 98ff.
Wohnungsbereiche 42ff.
Wohnungssuche 13
Wohnzimmer 18, 109
 –, Essplatz im 106
Wunschvorstellungen 13, 65

## Y

Yin und Yang 30ff., 52f., 55

## Z

Zentrums-Zone 14, 48
Zimmer, → Raum, Räume
 –, eigenes 115
 -brunnen 83f.
 -pflanzen 75, 95, 101, 109, 112, 118, 121
Zitronen-Reinigungswasser 66
Zonen, → Bagua-Zonen
Zufahrten 17
Zugang 16f.
Zyklus
 – hemmender 32ff.
 – nährender
 – der Kontrolle 34ff.
 – der Schöpfung 34ff.

125

# Das Wichtigste auf einen Blick

### ENTRÜMPELN, ORDNUNG SCHAFFEN

In jeder Wohnung finden sich viele nicht mehr benötigte Gegenstände. Und ständig kommen neue dazu. Nicht mehr getragene Kleidungsstücke, alte Zeitschriften und Prospekte, ungeliebte Geschenke, verstaubte Souvenirs, Briefe ... Jeder dieser Gegenstände steht für die Vergangenheit und damit verbrauchte Energie. Sich beherzt davon trennen, bringt frischen Schwung ins Leben.

### ENERGETISCHES REINIGEN

Nach dem Entrümpeln reinigen Sie die Wohnung zunächst mit Besen, Staubsauger und Lappen. Nun folgt das energetische Reinemachen. Mischen Sie dafür ein bis drei Tropfen naturreines Rosenöl in klares Wasser, und wischen Sie damit Möbel, Türen, Einrichtungsgegenstände, Holzoberflächen, Fliesen, Böden – kurzum die gesamte Wohnung – von oben bis unten einmal sauber. Nun fühlt sich die Wohnung an, als hätten Sie neu ausgemalt.

### YIN ODER YANG?

Ist Ihre Wohnung weiblich oder männlich gepolt? Gerade Formen, scharfkantige Möbel, spiegelnde Oberflächen, die Farben weiß und grau, Metall und gleißendes Licht aktivieren Yang-Energie. Hier sind Klarheit, Dynamik und Aktivität, Erfolgsdenken, unter Umständen auch Nüchternheit zu Hause. Kuschelige Möbel, Textilien, warme Farben, gedämpftes Licht, feine Düfte und viele kleine liebevolle Accessoires schaffen eine Yin-Atmosphäre. Hier lebt man mehr auf sich selbst bezogen, ist fürsorglich, gemütlich und auf der Suche nach Beständigkeit, Behaglichkeit und Intimität. Für ein Leben in Harmonie braucht jede Wohnung ausreichend Yin- und Yang-Energien. Wichtig ist die Balance.

## KRAFTPLÄTZE NUTZEN

Entscheidend für das Wohlfühlen ist die Wahl der richtigen Aufenthaltsplätze. Stellen Sie sich die Räume zunächst völlig leer vor. Überlegen Sie nun, wo Sie am liebsten sitzen oder schlafen möchten. Wahrscheinlich
a) entfernt von der Tür
b) vor einer geschlossenen Wand
c) mit maximaler Übersicht über den Raum.
Dies ist der Kraftplatz des Raumes. Hier sollte im Wohnzimmer das Sofa stehen, im Schlafzimmer das Bett und am Arbeitsplatz der Schreibtisch. Auch Kinder lernen an diesem »Powerspot« am konzentriertesten.

## UNRUHEZONEN HARMONISIEREN

Schon mal im Restaurant zwischen Tür und Fenster gesessen? Oder mit dem Rücken zum Durchgang? Türen, Fenster, Flure, Treppen, Fahrstühle, kurzum alle Öffnungen und alle Bereich wo Menschen gehen, sind Unruhezonen. Wer hier sitzen, arbeiten oder schlafen muss, wird über kurz oder lang über Verspannung, Stress und Unruhe klagen. Bremsen Sie den Energiefluss! Oder lenken Sie ihn um. Wenn beispielsweise das Kinderbett oder die Couch zwischen Tür und Fenster steht, kann ein raumteilendes Bücherregal, ein Sideboard oder eine kräftige Pflanze den gewünschten Schutz verschaffen. Ein Teppich unter dem Sitzplatz sorgt – wie eine Insel im Raum – für Extra-Geborgenheit.

## FEHLBEREICHE AUSGLEICHEN

Das Energieraster des Bagua zeigt symbolisch, ob bestimmte Lebensbereiche besonders ausgeprägt oder geschwächt veranlagt sind. Analysieren Sie zunächst die gesamte Wohnung. Passen die Hinweise zu Ihrer tatsächlichen Situation? Sorgen Sie nun mit Spiegeln, Bildern, Pflanzen, Regenbogenkristallen oder Licht für eine gezielte Belebung der identifizierten Schwachstellen.

## Impressum

© 2004 GRÄFE UND UNZER VERLAG GmbH, München.

Erweiterte und aktualisierte Neuausgabe von *Feng Shui*, GRÄFE UND UNZER VERLAG GMBH 1997, ISBN 3-7742-1460-3 (Erstausgabe: 1997)

Alle Rechte vorbehalten. Nachdruck, auch auszugsweise, sowie Verbreitung durch Film, Funk, Fernsehen und Internet, durch fotomechanische Wiedergabe, Tonträger und Datenverarbeitungssysteme jeder Art nur mit schriftlicher Genehmigung des Verlages.

### Wichtiger Hinweis
Die Gedanken, Methoden und Anregungen in diesem Buch stellen die Erfahrung bzw. Meinung des Verfassers dar. Sie wurden vom Autor nach bestem Wissen erstellt und mit größtmöglicher Sorgfalt geprüft. Sie bieten jedoch keinen Ersatz für kompetenten medizinischen Rat. Jede Leserin, jeder Leser ist für das eigene Tun und Lassen auch weiterhin selbst verantwortlich. Weder Autor noch Verlag können für eventuelle Nachteile oder Schäden, die aus den im Buch gegebenen praktischen Hinweisen resultieren, eine Haftung übernehmen.

ISBN 3-7742-6429-5
Auflage:
5. 4. 3. 2.
2008 2007 2006 2005

Programmleitung: Ulrich Ehrlenspiel
Redaktion: Christina Wiedemann (Neuausgabe) Gabriele Hopf (Erstausgabe)
Lektorat: Stephanie Wenzel, München
Umschlaggestaltung und Layout: independent mediendesign, Claudia Fillmann
Herstellung: Petra Roth
Satz: Maren Gehrmann, Germering
Illustrationen: Dipl.-Ing. (FH) Rhea Silvia Will, Grafing
Bildredaktion: Gabriele Feld, München
Lithos: Repro Ludwig, Zell am See
Druck: Appl, Wemding
Bindung: Sellier, Freising
Bildnachweis: Gettyimages/ J. Cheung: S. 86; -/K. Summers: S. 76; IFA-Bilderteam/DIAF/ SDP: S. 6; -/IPS: S. 88; Look/K. Johaentges: S. 11; Mauritius/Fichtl: S. 84, 85; -/IPS: S. 70; -/Pepperprint: S. 91; -/Pöhlmann: S. 42; Okapia/Klein& Hubert: S. 39 re.; -/H. Stamme: S. 49; Photonica/Ann Cutting: S. 72; -/R. Kaji: S. 80; Syndication Jahreszeiten/ O. Gollnek: S. 111; -/W. Manduzio: S. 61, 98, 103, 107, 127; -/U. Oplitz: S. 67; -/J. Schaun: S. 127; -/O. Szczepaniak: S. 64; -/S. Thurman: S. 81; -/G. Zimmermann: S. 77, 115; Zefa/ A.B.: S. 126; -/H. Benser: S. 74; -/K. Cerisola: S. 22; -/Felix: S. 62; -/R. Gerth: S. 4; -/F. Lukaseck: S. 27; -/Masterfile: S. 8, 28, 39 li., 41, 56; -/H. Kingsnorth: S. 51; -/H. Schmid: S. 20; Weitere Fotos: Jahreszeitenverlag; Cover; A. Hoernisch:U2, S. 1; J. Rickers: U4 li.; R. Schmitz: U4 re, K. Stiepl: S. 79

*Ein Unternehmen der*
GANSKE VERLAGSGRUPPE

### DAS ORIGINAL MIT GARANTIE

**Ihre Meinung ist uns wichtig.** Deshalb möchten wir Ihre Kritik, gerne aber auch Ihr Lob erfahren. Um als führender Ratgeberverlag für Sie noch besser zu werden. Darum: Schreiben Sie uns! Wir freuen uns auf Ihre Post und wünschen Ihnen viel Spaß mit Ihrem GU-Ratgeber.

**Unsere Garantie:** Sollte ein GU-Ratgeber einmal einen Fehler enthalten, schicken Sie uns das Buch mit einem kleinen Hinweis und der Quittung innerhalb von sechs Monaten nach dem Kauf zurück. Wir tauschen Ihnen den GU-Ratgeber gegen einen anderen zum gleichen oder einem ähnlichen Thema um.

GRÄFE UND UNZER VERLAG
Redaktion Körper & Seele
Postfach 86 03 25
81630 München
Fax: 089/41981-113
E-Mail: leserservice@ graefe-und-unzer.de

Die GU Homepage finden Sie unter www.gu-online.de

### Umwelthinweis
Dieses Buch wurde auf chlorfrei gebleichtem Papier gedruckt. Um Rohstoffe zu sparen, haben wir auf Folienverpackung verzichtet.